*Zaubergarten und Lieblingswiese
Entspannung für Kinder/14 Geschichten
zum Vorlesen*

Zaubergarten und Lieblingswiese

Entspannung für Kinder/14 Geschichten zum Vorlesen

Von Elke Fuhrmann

Eltern & Kind

humboldt-Taschenbuch 759

Die Autorin:
Elke Fuhrmann, Dipl. Sozialwissenschaftlerin, Erzieherin, Psycho-
therapeutin (GWG), NLP-Practioner (DGNLP), Supervisorin
sowie Ausbildung im Autogenen Training und Gesundheitstrai-
ning. In ihrer eigenen Praxis bietet sie Weiterbildungen in ganzheitlicher Entspannung für Kinder an, sowie Supervision und
Kurse in ganzheitlicher Entspannung für Erwachsene und Kinder.

Umwelthinweis: gedruckt auf chlorfrei gebleichtem Papier.

2., durchgesehene Auflage 1996

Hinweis für den Leser:
Alle Informationen wurden von Autorin und Verlag sorgfältig über-
prüft. Dennoch kann eine Gewähr nicht übernommen werden.

Umschlaggestaltung: Wolf Brannasky, München
Umschlagfoto: Fotostudio Bornemann, München
Zeichnungen im Innenteil: Ingrid Hecht

© 1994 by Humboldt Taschenbuchverlag Jacobi KG, München
Druck: Presse-Druck Augsburg
Printed in Germany
ISBN 3-581-66759-2

2 3 4 * 98 97 96

Inhalt

Vorwort 9

Grundgedanken zum Entspannungstraining für Kinder 13

Autogenes Training für Kinder: Baustein
für einen konzentrierten Lebensstil 27

Wie ist das Autogene Training für Kinder
entstanden? 27

Die einzelnen Entspannungsphasen
im Autogenen Training –
ein 30-Tage-Programm 29

1. Übung: Grundentspannung
Meine Lieblingswiese 39

2. Übung: Atmung entspannen
Mein Atembär 43

3. Übung: »Mein Bauch ist ganz warm«
Quaks, der Frosch 47

4. Übung: »Mein Herz schlägt ruhig
und regelmäßig«
Der Hase Rudi Hoppelbein 49

Mit Memo-Training zu Entspannung und Konzentration — 53

Was kann Memo-Training bewirken? — 53
Eltern und Kind bereiten sich auf das Memo-Training vor — 56
Die einzelnen Entspannungsgeschichten — 61
– *Ganz entspannt im Wunderland* — 61
– *Konzentriert geht's garantiert* — 65
– *Eins, zwei, drei – sorgenfrei* — 67
– *»Ich schlafe ein und schlafe fein«* — 71
– *Mit Mut geht's gut* — 73
– *Mit Energie verlierst Du nie* — 79
– *Dem Archivar ist alles klar!* — 83
– *Mit Winiput klappt's gut* — 87
– *Rundum gesund* — 89
– *Mit Kraft geschafft* — 93

Hilfen zur Vertiefung des Memo-Trainings — 99

Konzentrationsspiele für die ganze Familie — 100
1. Spiel: Koffer packen — 101
2. Spiel: Theater spielen — 102
3. Wortspiele — 103
4. Spiel: Das Kartenspiel — 104

Spiele zur Vertiefung der Sinneswahrnehmung — 106
1. Spiel: »Was kann ich sehen, fühlen, riechen, schmecken und hören?« — 106
2. Spiel: »Was kann ich alles hören?« — 108
3. Spiel: Spaziergang in der Natur — 110

Der Umgang mit Düften 112

Schlußwort 115

Auf einen Blick: die wichtigsten Tips,
wie Sie Ihrem Kind helfen können, wenn
es nervös, unruhig oder ängstlich ist 119

Weiterführende Hilfsangebote 123

Wo kann mein Kind einen Entspannungskurs besuchen? 123
Literaturempfehlungen 124

Register 125

Vorwort

In meiner mehrjährigen Praxis habe ich immer wieder die Erfahrung gemacht, daß sich Kinder nicht mehr richtig entspannen können. Es wird kein Ausgleich mehr gefunden zu den täglich wachsenden Leistungsanforderungen in Schule und Gesellschaft. Der Tagesablauf vieler Kinder ist oft völlig durchgeplant: Die Kinder hetzen von der Schule nach Hause, von den Schularbeiten zum Klavierunterricht oder zur Nachhilfe. Es bleibt ihnen kaum Zeit zum Spielen oder Entspannen. Und so verlernen viele Kinder diese wichtige mentale Fähigkeit des Entspannens, die zugleich auch Voraussetzung für die Konzentration ist. Viele Kinder reagieren auf den mangelnden Ausgleich deshalb mit Konzentrationstörungen oder Unruhe. Auch die Eltern fühlen sich oft überlastet. Ob es die Doppelbelastung der Frau oder die Überstunden des Vaters sind – alles Dinge, die sich als zusätzliche Belastung auf die gesamte Familie auswirken –, Nervosität und Hektik machen sich breit und akkumulieren sich, da der Ausgleich fehlt.

Für jeden Menschen ist es wichtig zu entspannen, um das natürliche Gleichgewicht von Spannung und Entspannung zu halten. Nimmt die Spannung überhand, fühlen wir uns unwohl, können uns nicht konzentrieren und leiden unter dauernden Druck- und Unruhegefühlen.

Hier können die vorgestellten Entspannungsübungen Hilfe bieten.

Dieses Buch ist ein Angebot an Eltern, die gemeinsam mit ihren Kindern entspannen möchten. Sie werden hier viele verschiedene und abwechslungsreiche Vorschläge zu Entspannung und Konzentration finden, die alle in interessante Geschichten und spannende Spiele verpackt sind. So wird das Erlernen von Entspannung und Konzentration dem Kind sicherlich Spaß machen. Auch für Abwechslung ist gesorgt: Dieser Band stellt zusätzlich Konzentrations-, Sinnes- und Vertiefungsspiele für die ganze Familie vor. Das gemeinsame Üben, das Vorlesen der Entspannungsgeschichten oder das Mithören (Kassette) bereichert auch die Eltern-Kind-Beziehung.

Dieses Buch hat folgende Ziele

- die Konzentrations- und Lernfähigkeit des Kindes zu steigern
- seine Kreativität und Phantasie und
- die innere Ruhe und Ausgeglichenheit zu fördern
- das Selbstwertgefühl zu stärken
- beim Abbau von Unruhe und Ängsten zu helfen
- bei starkem Bewegungsdrang (z. B. bei Hyperaktivität) ausgleichend zu wirken

- die Selbstheilungskräfte (z. B. Vorbeugung bei Krankheit) zu stärken
- Schlafstörungen zu beseitigen
- die gesamte Persönlichkeitsentfaltung des Kindes gezielt zu unterstützen

Manchmal kann man die äußeren Umstände, wie zum Beispiel die Schulsituation, nicht verändern. Man kann jedoch sehr wohl die Reaktion auf eine Situation im Griff haben oder die Art und Weise, wie man mit einem Problem umgeht. Dieses Übungsprogramm zur Entspannung und Konzentration (Memotraining) will Ihrem Kind dabei helfen, selbst aktiv zu werden und einen Standpunkt zu finden.
Mit dem Erzählen einer Entspannungsgeschichte werden Phantasie und Kreativität, die inneren Kräfte des Kindes angeregt. Gerade Kinder bekommen noch sehr schnell Zugang zu diesen mentalen Fähigkeiten.

Spannende Sinnespiele lassen das Kind die Wichtigkeit der Sinneswahrnehmung erleben.
Wir nehmen über das Sehen, Hören, Riechen, Schmecken und Fühlen Informationen auf, die in unserem Gehirn verarbeitet werden. Eine umfangreiche Wahrnehmung über die Sinne garantiert einen deutlichen Lernerfolg und eine Steigerung der Lebensqualität.

Memo-Training können alle Kinder lernen! Es macht Spaß und fördert die Persönlichkeitsentwicklung.

Zum Aufbau dieses Buches

Bevor Sie mit dem Lesen beginnen, in aller Kürze noch etwas zum Aufbau: Mit diesem Buch können Sie ganz praktisch umgehen und üben. Sein Schwerpunkt liegt auf den Übungen und Entspannungsgeschichten, auf unnötigen Informationsballast wurde bewußt verzichtet.

Zu Anfang erkläre ich einige Grundgedanken zur Entspannung, Ziele und z. B. was die Entspannung im Körper bewirkt. Auch auf die veränderten gesellschaftlichen Bedingungen, die häufig zur Überlastung von Eltern und Kind führen, wird kurz eingegangen.

Im Hauptteil geht es dann um die Praxis: Grundübungen zum Autogenen Training, verpackt in spannende Entspannungsgeschichten, sowie Wahrnehmungs-, Sinnes- und Konzentrationsspiele bieten ein abwechslungsreiches Programm, so daß Ihrem Kind das Sich-Entspannen oder das Sich-Konzentrieren garantiert Spaß machen werden!

Grundgedanken zum Entspannungstraining für Kinder

Entspannung gehört genauso wie Anspannung zu unserem Leben; beide bedingen sich und befinden sich im Idealfall in einem harmonischen Wechsel. Reiz-, Informationsflut und andere Einflüsse haben dazu geführt, daß immer mehr Menschen verlernen, sich zu entspannen. Sie hetzen von Termin zu Termin und finden keine Zeit für ein bißchen Ruhe. Viele wissen gar nicht mehr, wie sie sich in all der Hektik eine ruhige Minute, eine Insel der Ruhe, schaffen können.

Der Körper reagiert dann irgendwann mit ersten ernsteren Anzeichen, bis dieses schädliche Streßverhalten die Gesundheit in Mitleidenschaft zieht und wir krank werden. Dieses schädliche Streßverhalten, das hauptsächlich auf der mangelnden Fähigkeit zur Entspannung basiert, betrifft nicht nur Erwachsene, sondern verstärkt auch Kinder. Ich erlebe in meiner Praxis bei der Arbeit mit den Kindern fast täglich, wie sie unter Konzentrationsstörungen und innerer Unruhe leiden. An dieser Stelle setzt das Entspannungs- und Konzentrationstraining als Hilfestellung ein; denn dieses schädliche Streßverhalten ist erlernt und kann deshalb auch wieder verlernt werden: Das

Inseln der Ruhe schaffen

ist der Ansatzpunkt des Memotrainings. Ruhe und Konzentration lassen sich nicht durch Ablenkung von der Unruhe oder von Konzentrationsproblemen (z. B. durch Fernsehen, Computerspiele etc.) erreichen, sondern durch ein Sich-Bewußtwerden der inneren Kraft.

Wie kann nun ein Kind lernen, sich bewußt innere Ruhe zu schaffen oder Konzentration?

Im Grund genommen macht es dieses Buch dem Kind ganz einfach. Denn jede Entspannungsübung oder -geschichte ist wie eine kleine Oase der Ruhe, wo das Kind seine Spannungen abbauen und somit ausgeglichener werden kann. Es lernt hier spielerisch, die Übungssituation in den Alltag zu übertragen und sich aktiv in einen Zustand der Entspannung oder der Konzentration zu versetzen.

Wie reagiert der Körper?

Streß und Hektik versetzen den Körper in Alarmbereitschaft. In diesem Zustand laufen die Körperreaktionen auf Hochtouren. Das Herz schlägt schneller, die Atmung und die Hormonausschüttung sind aktiviert. Auch Kinder erleben diesen Zustand: Z. B. vor der Klassenarbeit haben viele Angst zu versagen. Eine gewisse Portion Streß kann zur Steigerung der Leistung manchmal durchaus hilfreich sein, aber ein Zuviel wirkt lähmend. Streß wird persönlich ganz unterschiedlich erlebt, denn Streß entsteht im Kopf und hat viel mit den eigenen Erfahrungen zu tun. Diese Erfahrungen spiegeln sich als erlernte Verhaltensmuster wider. Vielleicht wundern Sie sich manchmal auch darüber, daß andere Menschen mit Streß gelassener umgehen können. Diese Menschen habe einfach eine positive Einstellung zu den Dingen. Sie sind gelassener, verarbeiten den Streß anders und wissen, wie sie sich entspannen oder konzentrieren können.

Im Zusammenhang mit einer ganzheitlichen Wahrnehmung, in der Entspannung und Konzentration möglich sind, möchte ich kurz auf die Funktion des Gehirns eingehen. Wir nehmen die Informationen über unsere fünf Sinne auf:

Die Funktionen des Gehirns

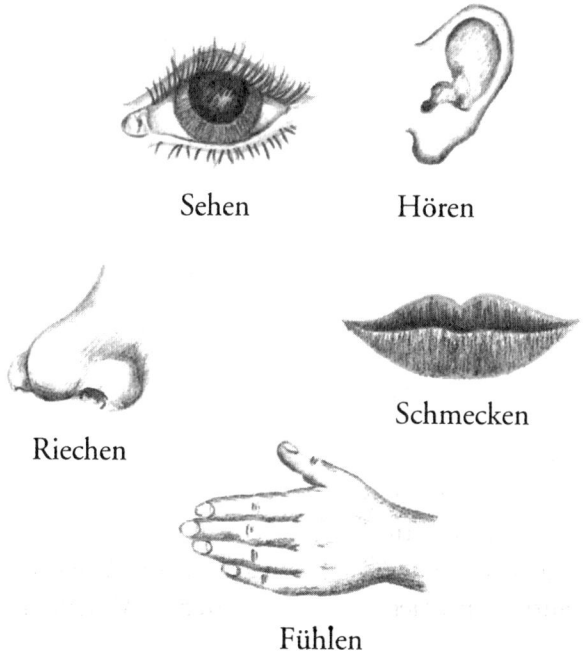

Sehen   Hören

Schmecken

Riechen

Fühlen

Mit allen Sinnen Viele Menschen, darunter bereits in wachsender Zahl Kinder, verlieren den Zugang zu den Sinnen; sie nehmen nicht mehr bewußt wahr, wie etwas schmeckt oder riecht, welche Farbe etwas hat usw. Deshalb versuche ich in diesem Memotraining, den Zugang zu den Sinnen, der auch der Schlüssel zu den inneren Bildern und zum Erleben ist, durch spezielle Übungen zu reaktivieren. Das Üben der Sinneswahrnehmungen wird sich wie ein roter Faden durch das Buch ziehen.

Die sogenannten Sinneseindrücke entstehen eigentlich erst im Gehirn bzw. werden von diesem zu Informationen verarbeitet.

Laterales Denken ist ganzheitliches Denken Die Großhirnrinde besteht aus zwei Hemisphären. Die linke steuert das analytische, logische Denken (z. B. Sprechen, Lesen, Schreiben, Rechnen). Die rechte dagegen steuert das nonverbale bildliche Verständnis, das synthetische nichtlineare Denken, Phantasie und Kreativität. Beide Seiten sind gleich wichtig und sollten gleich stark ausgeprägt werden. Aber in der heutigen Gesellschaft wird das intellektuelle Verständnis der Dinge gefördert und dem intuitiven ganzheitlichen Denken praktisch kaum Beachtung geschenkt, d. h., die linke Hirnhälfte dominiert gegenüber der rechten. Ein ausgleichendes Training für die rechte Hemisphäre ist notwendig, denn die rechte Hälfte wird im Alltag zu wenig gefordert und läuft Gefahr zu verkümmern – und mit ihr Phantasie und Kreativität. Deshalb wird in diesem Buch speziell auch Wert gelegt auf das Training der rechten Gehirnhälfte.

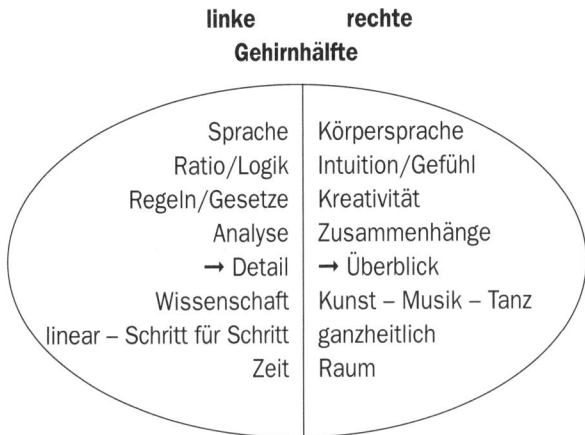

linke	rechte
Gehirnhälfte	
Sprache	Körpersprache
Ratio/Logik	Intuition/Gefühl
Regeln/Gesetze	Kreativität
Analyse	Zusammenhänge
→ Detail	→ Überblick
Wissenschaft	Kunst – Musik – Tanz
linear – Schritt für Schritt	ganzheitlich
Zeit	Raum

Jedes Kind hat viele unterschiedliche Fähigkeiten, und diese Fähigkeiten gilt es zu fördern. Wenn Sie jetzt ganz spontan an Ihr Kind denken, fallen Ihnen sicherlich viele besondere Fähigkeiten ein. Vielleicht haben Sie sogar den Wunsch, Ihrem Kind das gleich mitzuteilen. Manchmal vergessen wir, zum Beispiel über einer schlechten Mathe-Zenzur, daß unser Kind viele andere Fähigkeiten hat.

Denken Sie positiv und vertrauen Sie auf die Fähigkeiten Ihres Kindes!

Anerkennung und Lob sind lebensnotwendig. Sie freuen sich schließlich auch über ein nettes Wort von Ihrem Chef, und die Arbeit macht gleich mehr Spaß.

Ein Lob bewirkt oft Wunder!

Bei meiner Arbeit erlebe ich es leider sehr oft, daß die Kinder viel zu sehr nach ihren schulischen Leistungen beurteilt werden – und zwar nicht nur von den Lehrern!

Ein Beispiel:
Man hat in den USA ein Experiment über die Vorurteile der Lehrer bezüglich der Leistungsfähigkeit der Schüler gemacht.
Es gab zwei Schulklassen. Die erste war eine Klasse mit sehr guten Schülern, die andere mit schlechten Schülern. Dem Lehrer wurde bewußt eine falsche Information über das Leistungsniveau der beiden Klassen gegeben. So ging er mit einer positiven Grundhaltung in die Klasse der schlechten Schüler und war begeistert von deren Lernfähigkeit. Die Zensuren verbesserten sich deutlich. Und nun umgekehrt. Mit einer negativen Grundhaltung betrat er die Klasse mit den scheinbar schlechten Schüler. Das Resultat war, daß sich die guten Schüler in ihrer Leistung verschlechterten.

Vielleicht hat Sie dieses Beispiel nachdenklich gestimmt, denn es zeigt, was Menschen mit ihren Einstellungen positiv wie negativ bewirken können.

Übung für die Eltern
Setzen Sie sich an einen ruhigen Ort und überlegen Sie ganz genau, welche positiven Eigenschaften und Fähigkeiten Ihr Kind hat. Schreiben Sie alle Gedanken und Ideen auf ein Blatt Papier

und lassen Sie das Aufgeschriebene auf sich wirken. Vielleicht machen Sie diese Übung auch mit Ihrem Partner/Ihrer Partnerin und unterhalten sich anschließend über das Ergebnis. Nachdem Ihnen nun sicherlich deutlich geworden ist, daß Ihr Kind viele positive Eigenschaften hat, können Sie gleich damit beginnen, Ihr Kind in entsprechenden Situationen zu loben und dadurch in seinen Fähigkeiten zu bestärken.

Denn jeder Mensch freut sich über ein Lob!

Diese Frage werden Sie sich wahrscheinlich auch schon oft gestellt haben. Es gibt viele unterschiedliche Ursachen. Im folgenden will ich verschiedene Auslösungsfaktoren von Überforderung kurz erörtern.

Warum sind heute viele Kinder überfordert?

Der Wertewandel, der sich in den letzten Jahrzehnten in unserer Gesellschaft vollzogen hat, stellte Leistung und Konsum in den Vordergrund. Die moderne Psychologie spricht in diesem Zusammenhang von der sogenannten »Leistungsliebe«. Menschen werden kaum noch ihrer Selbst wegen geliebt, sondern nach der Leistung, die sie erbringen, nach dem Motto: »Habe ich etwas gut gemacht, bekomme ich Lob und Anerkennung und bin ein liebenswerter Mensch«. Die Bewertung von Leistung wurde immer mehr normiert, d. h., in den Kategorien des Habens definiert als Geld und sozialer Status.

Gesellschaftliche Ursachen: Die »Leistung« steht im Vordergrund

Jeder Mensch ist jedoch unterschiedlich. So wie jeder von uns ein anderes Äußeres hat, so verfügt er auch über andere »Fähigkeiten« und »Schwächen«. Wir können uns niemals wirklich mit einem anderen Menschen vergleichen, da jeder ein einmaliges Individuum ist.

Von der
»Leistungs-
liebe«

Zwar wird bereits darüber diskutiert, ob sich in unserer Gesellschaft gerade ein neuer Wertewandel hin zu einem Miteinander vollzieht, aber die gesellschaftliche Realität ist noch ganz und gar von der »Leistungsliebe« geprägt. Nur Sie können Ihrem Kind helfen, seine »wahren Fähigkeiten« zu entwickeln, indem Sie seine Leistungen anerkennen. Ich erlebe in meiner Praxis leider sehr oft, daß Eltern ihre Kinder zu normierten Leistungen drängen; z. B. werden viele Kinder mit Zwang und Androhungen auf weiterführende Schulen geschickt, damit sie nur ja das Abitur machen. Ist dieses Kind jedoch nicht für eine solche Schullaufbahn geeignet, weil es z. B. mehr über handwerkliche Fähigkeiten verfügt, so ist für die ganze Familie das Leid vorprogrammiert! Wie Sie an anderer Stelle gelesen haben, spielen Lob und Anerkennung in unserem Leben eine entscheidende Rolle. Wird z. B. ein Kind in eine Rolle gezwungen, der seine Fähigkeiten nicht entsprechen, wird es zum »Verlierer« und kann niemals ein gesundes Selbstbewußtsein aufbauen. Es ist kein schönes Gefühl, immer einer der Schlechtesten zu sein. Bekommt das Kind zu

Hause und in der Schule keine Zuwendung oder zuwenig Anerkennung, so sucht es sich außerhalb von Familie und Schule andere Möglichkeiten der Anerkennung.

Viele Mütter sind berufstätig. Die Mehrfachbelastung durch Beruf, Haushalt und Kindererziehung führt zu Streß. Der Vater – ebenfalls berufstätig – kommt nach einem anstrengenden Arbeitstag nach Hause. Beide Elternteile sind gestreßt und bräuchten nach dem Arbeitsalltag erst einmal Ruhe. Aber da sind die Kinder, die viel erlebt haben und erzählen oder spielen wollen. Wenn die Eltern nun nervös regieren, überträgt sich das wiederum auf die Kinder. Für manche Eltern stellt da der Fernseher eine willkommene Hilfe dar: Die Kinder sind beschäftigt und geben Ruhe.

Überforderung der Eltern

Der unkontrollierte Medienkonsum wird leider nur zu häufig zur Sucht und macht die Kinder immer lern-, konzentrations- und bewegungsunfähiger. Fernsehen oder auch Computerspiele bieten nicht die Möglichkeit zur inneren Ruhe. Wichtig ist es, ein Mittelmaß zu finden. Beim Fernsehen sollten Sie auf jeden Fall die Programme gemeinsam mit Ihrem Kind aussuchen. Ideal wäre es, später mit Ihrem Kind über die Sendung zu sprechen.

Unkontrollierter Medienkonsum bewirkt Orientierungslosigkeit

Hierzu möchte ich folgendes Beispiel anführen, das in den Massenmedien für Schlagzeilen sorgte: In Amerika wurde im Fernsehen eine Comic-Serie gezeigt, in der bei einer Folge eine Figur im Spiel die Bettdecke anzündet. Ein Kind spielte nach der Sendung diese Passage nach: Das ganze Haus brannte ab. Die Eltern versuchten daraufhin, den Fernsehsender zu verklagen!

Kinder lernen über das sogenannte »Beobachtungslernen« und setzen das Erlebte für sich in die eigene Realität um. Sie verfügen teilweise noch nicht über das Unterscheidungsvermögen von Realität und Fiktion.

*Marken-
artikel als
Ersatz für
Selbst-
bewußt-
sein?*

Manche Eltern versuchen, ihr schlechtes Gewissen damit zu beruhigen, daß sie die Kinder mit Konsumgütern überhäufen. Aber Kinder möchten Aufmerksamkeit und kein Fernsehprogramm oder Spielzeug. Nichts kann den persönlichen Kontakt mit den Eltern ausgleichen!

Wir erleben momentan, daß Kinder in der Schule manchmal über ihre Kleidung oder besondere Spielsachen erst akzeptiert werden. Tragen sie nicht bestimmte teure Markenprodukte, so können Kinder, die kein gesundes Selbstwertgefühl haben, ins Abseits gedrängt werden. Für einige Eltern ist dieser Zwang, für ihre Kinder bestimmte Luxusartikel zu kaufen, zum Alptraum geworden. Die Eltern müssen mehr arbeiten, um die extravaganten Bedürfnisse ihrer Kinder zu befriedigen. Ein Teufelskreis beginnt: Die Eltern haben noch weniger Zeit für ihre Kinder; der wichtige persönliche Kontakt, das Miteinander bleiben dabei auf der Strecke.

Vor vielleicht 20 Jahren konnten die Kinder noch im Freien, vor dem Haus spielen. Sie konnten Buden bauen, Verstecken spielen und vieles mehr unternehmen. Bei diesen Spielen konnten die Kinder toben, schreien, um ihre Spannungen auszugleichen. Die Kreativität und die Phantasie wurden hierbei gefördert. Zurück in die heutige Zeit: Fernsehen, Video, Computer, Gameboy, verschiedene Puppenarten, die wiederum bestimmte materielle Werte vermitteln, machen es manchem Kind schwer, seine Kreativität auszuleben. Um so wichtiger ist es für Kinder, möglichst früh Entspannung und Konzentration bewußt zu erlernen.

Veränderungen im Freizeitverhalten

Unsere Welt ändert sich laufend, und wir sollten versuchen, die veränderten Bedingungen positiv zu nutzen, indem wir ein gesundes Mittelmaß finden. Dies setzt aber die Fähigkeit zur Auswahl und einen eigenen Standpunkt voraus – beides Eigenschaften einer harmonischen Persönlichkeit, die es zu schulen gilt.

Das »Beobachtungslernen« wurde bereits kurz erwähnt. Es findet auch in der Familie statt: Kinder beobachten ganz genau die einzelnen Verhaltensweisen ihrer Eltern. Diese Beobachtungen werden verarbeitet und umgesetzt. Kinder spiegeln

Familiäre Einflüsse

das Verhalten der Eltern wider. Vielleicht erkennen Sie sich auch manchmal in den Verhaltensweisen Ihres Kindes wieder? Wenn Sie hektisch und nervös sind, wird Ihr Kind wahrscheinlich auch so reagieren.

Kinder nehmen jede Spannung wahr! Kinder sind eigene Persönlichkeiten mit einer großen »Sensibilität«. Haben Sie z. B. Streit mit Ihrem Partner/Ihrer Partnerin, spürt das Kind die unterschwelligen Spannungen und reagiert darauf.

Wunschziel des Memo-Trainings ist es deshalb, nicht nur dem Kind Techniken an die Hand zu geben, mit denen es sich entspannen oder konzentrieren kann, sondern der gesamten Familie. Wenn Sie gemeinsam mit Ihrem Kind lernen, zur Ruhe zu kommen, so überträgt sich diese Stimmung ebenfalls auf Ihr gesamtes menschliches Umfeld.

Gemeinsam Möglichkeiten finden, sich wohler zu fühlen Nachdem verschiedene Ursachen vorgestellt wurden, die zu einer Überforderung von Kindern und Eltern führen können, folgt nun die konkrete Hilfestellung in Form von praktischen Übungen und Geschichten zur Entspannung und Konzentration.
Ich stelle in diesem Buch das Autogene Training, das Memo-Training sowie erweiternde Konzentrationsspiele und den Umgang mit Düften dar. Bei regelmäßigem Üben werden Sie zunehmende

Konzentrationsfähigkeit, innere Ruhe und Ausgeglichenheit bei Ihrem Kind wahrnehmen.

Wenn Sie diese Zeilen aufmerksam gelesen haben, *Ent-*
werden Sie sicherlich verstehen, warum viele Kin- *spannung*
der unter Konzentrationsstörungen oder Unruhe *ist erlern-*
leiden. Wie soll ein Kind noch kreativ und phan- *bar!*
tasievoll sein, wenn es von der Klavierstunde zur
Nachhilfe hetzt? Wenn die Anforderungen der
Schule oder vielleicht der Eltern ständig zu hoch
geschraubt werden, ohne daß es Entlastung er-
fährt? Wenn es kaum eine Möglichkeit hat, seinen Streß in Bewegung und Spiel abzubauen?
Wenn die zahlreichen Informationen und Ein-
drücke nicht in einer ruhigen Stunde verarbeitet
werden können? Dies und vieles mehr kann einen
kleinen Menschen aus seinem gesunden Gleichgewicht bringen.

Autogenes Training für Kinder: Baustein für einen konzentrierten Lebensstil

In dem nun folgenden Teil möchte ich die theoretischen und praktischen Hintergründe des Autogenen Trainings für Kinder vorstellen.

Wie ist das Autogene Training für Kinder entstanden?

Vielleicht kennen Sie bereits das Autogene Training für Erwachsene? Es ist 1909 von Prof. Dr. Dr. J. H. Schulz entwickelt worden. Das aus der Hypnose entstandene Autogene Training wird als Autosuggestion (Selbstbeeinflussung) angewendet. Autogenes Training bewirkt eine bewußte Beeinflussung des vegetativen Nervensystems. Die meisten Vorgänge in unserem Körper, wie z. B. die Regelung der Organfunktionen, die Atmung, der Herzschlag, die Hormonausschüttung sowie der Blutdruck, werden vom vegetativen Nervensystem gesteuert. Steht unser Körper unter Streß, so passen sich die vegetativen Prozesse an: Die Atmung geht schneller, das Streßhormon Adrenalin wird verstärkt ausgeschüttet, das Herz schlägt schneller usw.: Der ganze Körper läuft auf Hochtouren.

Unser Organismus ist so angelegt, daß nach einer solchen Streßreaktion eine Ruhephase folgen sollte, in der der Körper sich erholen kann. Für viele Menschen ist das nur noch graue Theorie! Sie finden keine Zeit mehr für Ruhe und Entspannung.

Hier setzt das Autogene Training an. Mit Hilfe von bestimmten Übungen werden die Spannungen im Körper abgebaut, und man wird sich wohler und ausgeglichener fühlen.

Die Grundübungen zum Autogenen Training sind hier in spannende, kindgerechte Geschichten verpackt, die das Kind zum Nachahmen des Vorgelesenen oder auf Kassette Mitgehörten anregen.
Die einzelnen Übungssätze zum Einprägen sind in eine kindgerechte Sprache umgesetzt, so daß dem Kind das Üben garantiert Freude machen wird!

Die einzelnen Entspannungs-phasen im Autogenen Training – ein 30-Tage-Programm

Das Autogene Training für Kinder setzt sich aus verschiedenen Entspannungsphasen zusammmen. Diese einzelnen Phasen werden durch die Übungssätze aus den Entspannungsgeschichten erklärt.

| 1. Übung | *Grundentspannung: »Ruhe/ Schwere/Wärme« in der Geschichte »Meine Lieblingswiese«* | *Die Stufen des Autogenen Trainings* |

Die Grundentspannung im Autogenen Training setzt sich aus der Vorstellung der Ruhe, Schwere und Wärme zusammen. In der ersten Geschichte auf Seite 39, »Meine Lieblingswiese«, werden diese Elemente kindgerecht eingesetzt.

»Mein Körper ist ganz ruhig«

Durch die Vorstellung, auf seiner Lieblingswiese zu liegen, wird das Kind mit dem Gefühl von »Ruhe« in Kontakt kommen, was gleichzeitig eine Vorbereitung auf die anderen Übungen ist. Der Merksatz »Mein Körper ist ganz ruhig« dient weiterhin als Gedächnisstütze und wird auch in anderen Geschichten immer wiederholt.

»Mein Körper ist ganz schwer«

Spürt das Kind die Ruhe in seinem Körper, beginnen wir das Element der »Schwere« hinzuzufügen. Hierbei spielt das Kind mit seinem Lieblingstier, das ganz schwer ist. Über den Merksatz »Mein Körper ist ganz schwer« wird das Gefühl der Muskelentspannung hervorgerufen. Verspannungen im Körper werden so gelöst.

»Mein Körper ist ganz warm«

Weiter geht es nun mit der Vorstellung der »Wärme«: Das Kind stellt sich vor, wie es im Gras liegt und die warmen Sonnenstrahlen auf seinen Körper scheinen. Mit dem Satz *»Mein Körper ist ganz warm«* wird das Gefühl der Wärme gefördert. Die Gefäße im Körper erweitern sich, und die gesamte Durchblutung wird angeregt.

Hiermit sind die einzelnen Stufen der Grundentspannung abgeschlossen.

2. Übung	*Beruhigung der Atmung: »Atmen lassen«/»Mein Atembär«*

Ein weitere wichtige Übung zum Abbau der innerer Spannungen ist die Beruhigung der Atmung. Gerade bei Streß, Angst und Überforderung gerät die Atmung schnell aus dem Gleichgewicht. Kinder verfügen noch über die natürliche und »normale« Bauchatmung, die leider viele Erwachsene verlernt haben. Autogenes Training hilft, daß Ihr Kind diese natürliche Atmung nicht verlernt, sondern beibehält. Ihr Kind kommt über den Atembär und den Satz »atmen lassen« wieder in Kontakt mit dem eigenen Atemrhythmus. Spannungen werden abgebaut, und eine tiefe innere Ruhe erfüllt den Körper.

3. Übung	*Der Bauch wird entspannt:* *»Mein Bauch ist ganz warm«/* *»Quaks, der Frosch«*

Nach der Grundentspannung und der Beruhigung der Atmung folgt die Entspannung des gesamten Bauchraumes. Die in die Geschichte verpackte Übung mit der zentralen Formel »Mein Bauch ist ganz warm« hilft ebenfalls, Spannungen abzubauen. Über die Vorstellung der Wärme wird das Sonnengeflecht akiviert. (Das Sonnengeflecht ist eines der größten Nervenzentren. Es liegt in der Magengegend. Mit seinen einzelnen Nervensträngen steht es in direkter Verbindung mit allen Organen im Bauchraum.) Gerade bei Kindern reagiert der Bauch sehr sensibel auf Streß.

4. Übung	*Regulierung des Herzschlags:* *»Mein Herz schlägt ruhig und regelmäßig«/* *»Der Hase Rudi Hoppelbein«*

Die letzte Übung aus dem Autogenen Training für Kinder wird durch die Geschichte von Rudi Hoppelbein und den Merksatz *»Mein Herz schlägt ruhig und regelmäßig«* beendet. Bei Aufregung und Streß schlägt das Herz schneller, um sich den gegebenen Situationen anzupassen. Durch die Vorstellung »Mein Herz schlägt ruhig und regelmäßig« werden hier ebenfalls die inneren Spannungen abgebaut.

Wie üben Kinder das Autogene Training?

Bevor Sie gleich mit dem Erzählen oder dem Hören der Kassette beginnen, möchte ich Ihnen noch einige Tips zum erfolgreichen Üben geben, das auch Spaß und Freude bringen soll:

Die einzelnen Übungen aus dem Autogenen Training werden nacheinander gelernt.

Sie beginnen also mit der ersten Geschichte und wiederholen diese täglich einmal. Hiermit wird sichergestellt, daß Ihr Kind die Geschichte richtig verinnerlicht. Erst nach einer Woche erweitern Sie die Übung.

Jede weitere Woche ergänzen Sie die Übungen mit einer weiterführenden Geschichte.

Das Vier-Wochen-Programm

1. Woche: Meine Lieblingswiese

2. Woche: Mein Atembär

3. Woche: Quaks, der Frosch

4. Woche: Rudi Hoppelbein

Nach ca. vier Wochen wird das Kind die Übungen aus dem Autogenen Training gelernt haben. Vielleicht kann es jetzt schon selbständig weiterüben?

Eltern und Kind bereiten sich auf eine Übung vor

Bei der Vorbereitung auf das Autogene Training ist es wichtig, die folgenden Hinweise zu beachten, um somit den Übungserfolg zu garantieren.

Bevor Sie mit dem Erzählen einer Geschichte beginnen, sollten Sie sich selbst darauf »einstimmen, den Alltag hinter sich lassen und sich auf die gemeinsamen Minuten mit Ihrem Kind freuen. Es ist sozusagen Ihre Mußestunde. Vermeiden Sie es also so gut wie möglich, die Entspannungsübungen gleich nach der Arbeit zwischen dem Ausräumen der Spülmaschine und der Zubereitung des Abendessens einzuschieben. Ihre Hektik und innere Unruhe übertragen sich sofort auf das Kind. Es wird ebenfalls mit Unruhe reagieren.

»Innere Ruhe« des Erzählers fördern

Wir machen es uns gemütlich Nachdem Sie selbst zur Ruhe gekommen sind, kann sich das Kind einen Platz aussuchen, wo es sich richtig wohl fühlt. Das kann ein Bett, Sofa, der Teppichboden oder ein bequemer Sessel sein. Vielleicht möchten Sie eine Kerze anzünden oder den Raum ein wenig verdunkeln. Manche Kinder nehmen ihr Lieblingskuscheltier in den Arm und unterstützen somit ihre Entspannung.

Bevor Sie jetzt gleich beginnen, stellen Sie das Telefon leise und informieren die anderen Familienmitglieder, daß für einige Minuten in der Wohnung Ruhe ist.

Körperhaltung Die Entspannungsübungen können im Sitzen und im Liegen durchgeführt werden. Die Kinder sollten jedoch beide Möglichkeiten lernen, damit sie in jeder Situation flexibel handeln können.

In diesen beiden Körperhaltungen ist der Körper sehr gut entspannt. Wenn das Kind eine andere Sitz- oder Liegehaltung bevorzugt, soll es diese frei wählen können. Nach Möglichkeit sollten die Augen bei der Entspannung geschlossen sein. Die Umwelteinflüsse sind dann ferner und werden fast ausgeschaltet, und das Kind kann sich besser konzentrieren. Manchen Kindern fällt es anfangs schwer, bei der gesamten Übung die Augen zu schließen. Auch hierbei stehen die Wünsche des Kindes im Vordergrund. Wenn es die Augen wieder öffnen will, helfen Sie ihm dabei, einen ruhigen Punkt im Raum zu suchen und zu be-

Im Sitzen

Im Liegen

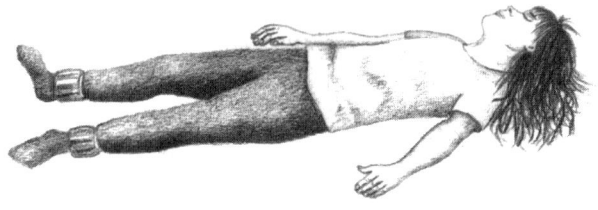

trachten. Wird ein bestimmter Punkt fixiert, werden automatisch alle anderen Sinneseindrücke
ausgeschaltet. Vielleicht lernt Ihr Kind mit Ihrer
Hilfestellung, später die Augen während einer

ganzen Übung/Geschichte zu schließen. Erklären Sie Ihrem Kind, daß es in den Geschichten darum geht, seine eigenen inneren Bilder zu entdecken, eine Reise durch die eigene Gedankenwelt zu machen, und daß es dabei wichtig ist, die Augen geschlossen zu halten. Auch wenn in den Geschichten von »Augen öffnen« die Rede ist, sind hierbei immer die »inneren« Augen, das Erleben der inneren Bilder in der Phantasie gemeint.

Dauer der Übung

Die Übungszeit hängt ebenfalls mit dem Konzentrationsvermögen des Kindes zusammen. Manche Kinder brauchen einfach Zeit, um mit den Geschichten vertraut zu werden; andere wünschen, daß bestimmte Passagen wiederholt werden oder Pausen gemacht werden. Die Dauer der Geschichten variiert deshalb individuell.

Beenden der Übung

Wichtig: Die durch das Autogene Training aufgebaute Entspannung muß nach jeder Übung zurückgenommen werden!
Der Körper, insbesondere der Blutdruck, muß nach der Entspannung wieder aktiviert werden.

Zurücknehmen nicht vergessen!
Beim Zurücknehmen ballen die Kinder ihre Hände zu Fäusten, winkeln die Arme drei- bis fünfmal kräftig zum Brustkorb hin an, atmen dabei tief ein und aus und öffnen die Augen. Die Kinder können sich auch recken und strecken, bis sie sich wieder ganz wach fühlen.

Gehen Sie bei den Übungen immer auf die Wünsche und Bedürfnisse Ihres Kindes ein und führen Sie es sanft und behutsam durch dieses Übungsprogramm.

Und noch ein wichtiger Ratschlag

Wiederholen Sie die Übungen regelmäßig, denn erst durch mehrere Wiederholungen kann sich das Kind das Entspannungsverhalten einprägen und so in sein Alltagsverhalten integrieren.

In dem nun folgenden Teil werden die einzelnen Übungen als Entspannungsgeschichten vorgestellt. Erinnern Sie sich bitte an die Vorbereitung auf das Autogene Training. Jetzt beginnen Sie, die erste Geschichte langsam vorzulesen. Die unterschiedlichen »Merksätze« aus der Grundentspannung (z. B. *»Mein Körper ist ganz ruhig«* – *»Mein Körper ist ganz schwer«* – *»Mein Körper ist ganz warm«*) sowie alle kursiv gesetzten Wörter, betonen Sie bitte mit einer **anderen, tiefen Tonlage**, um sie somit von dem anderen Text deutlich abzugrenzen.

1. Übung: Grundentspannung

Hier lernt das Kind, die Ruhe, Schwere und Wärme seines Körpers als Grundelemente der Entspannung zu erfahren.

Wichtig ist, daß die Geschichten so vorgelesen werden, daß sich das Kind ganz in sie hineinversetzen kann.

Die erste Geschichte aus dem Autogenen Training ist eine Übung zur Grundentspannung. Über die Vorstellung der »Ruhe« – »Schwere« – »Wärme« ist der Körper gut entspannt und somit auf die anderen Übungen optimal vorbereitet.

Wie alle anderen Geschichten/Übungen sollte auch diese öfter wiederholt werden. So können die Merksätze zur Entspannung von den Kindern verinnerlicht werden und ihnen im Alltag in den gewünschten Situationen helfen.

Leiten Sie jede der folgenden Entspannungsgeschichten mit der Aufforderung an das Kind ein: »So, lege Dich nun bequem hin und schließe Deine Augen«.

Meine Lieblingswiese

Stelle Dir nun vor, daß Du Dich auf Deiner Lieblingswiese befindest – wo immer sie auch sein mag. Und vielleicht hast Du Lust, es Dir hier so richtig gemütlich zu machen. Ja, Du spürst das weiche Gras unter Dir und, daß *»Deine Arme ganz ruhig sind«, »Deine Beine ganz ruhig sind«,* daß *»Dein ganzer Körper ganz ruhig«* auf der Wiese liegt. Und während Du so *»ganz ruhig«* im Gras liegst, siehst Du die vielen unterschiedlichen Blumen und Bäume um Dich herum. Und ihre bunten Farben erinnern Dich daran: *»Mein Körper ist ganz ruhig!«*

Selbst der leichte Wind, der die Blumen und die Bäume um Dich herum leicht wiegt, singt: *»Mein Körper ist ganz ruhig!«* Auch der liebliche Duft, der von Deiner Wiese ausgeht, erinnert Dich daran: *»Mein Körper ist ganz ruhig!«*

Du fühlst Dich richtig wohl und geborgen, alles um Dich herum scheint vergessen. Hier ist Dein Ort, an dem Du Dich entspannen, spielen, ja, alles machen kannst, wozu Du gerade Lust hast. Genieße zum Abschluß noch einmal die Stimmung, die von Deiner Lieblingswiese ausgeht, und vielleicht spürst Du die angenehme Ruhe, die jetzt Deinen ganzen Körper erfüllt.

Und während Du nun so ruhig vor Dich hin träumst, siehst Du in weiter Ferne ein schweres Tier. Es kann Dein Lieblingstier sein, nur sollte es so richtig schwer sein. Du schaust es Dir erst einmal richtig an, wie es aussieht. Das Tier kommt nun ganz langsam auf Dich zu, und Du kannst sofort an seinen freundlichen Augen erkennen, daß es ein zahmes und liebenswertes Tier ist. So trottet es weiter auf Dich zu, bis es unmittelbar vor Dir stehenbleibt: »Hallo! Ich bin Dein Lieblingstier und *ganz* schwer. Ich bin so schwer, daß ich nur ganz langsam laufen kann.« Du streichelst das weiche Fell und spielst einige Zeit mit Deinem Tier, bis es brummt: »Wir spielen das *Schwerespiel!* Du stellst Dir jetzt vor, Du bist ein *schweres* Tier, so wie ich.«

Ihr kuschelt Euch beide in das weiche Gras, und Dein Lieblingstier brummt: *»Beide Arme sind ganz schwer* – und – *Beide Beine sind ganz schwer* – *Dein ganzer Körper ist ganz schwer,* vielleicht sogar so schwer wie ich.«

Du kannst Dir genau vorstellen, wie es ist, ein so schweres Tier zu sein. Du spürst richtig, wie Dein Körper *ganz schwer* auf dem Boden liegt. Diese *angenehme Schwere* durchströmt Dich, und Du fühlst Dich richtig wohl und geborgen.

Einige Minuten lang hörst Du immer wieder die tiefe Stimme Deines Lieblingstieres brummen: *»Mein Körper ist ganz schwer!«*
Als Du das Blinzeln der Sonne über Dir erkennen kannst, schließt Du wieder die Augen und läßt Dich von den warmen Sonnenstrahlen erwärmen.

Dein Lieblingstier brummt mit seiner tiefen Stimme: *»Beide Arme sind ganz warm«* – *»Beide Beine sind ganz warm«* – *»Mein Körper ist ganz warm.«*

Und Du spürst, wie eine *angenehme Wärme Deinen ganzen Körper durchströmt.* Ja, Du fühlst Dich auf Deiner Wiese richtig warm, sicher und geborgen. So liegst Du noch einige Zeit mit Deinem Lieblingtier auf der Wiese und genießt das Zusammensein.

»So!« wirst Du auf einmal aus Deinen Gedanken zurückgeholt. »Ich muß nun wieder zu meiner Familie zurück!«, brummt Dein Lieblingstier, »es wird Zeit für mich zu gehen«. *Ganz schwerfällig* erhebt es sich aus dem Gras, reckt und streckt sich und trottet mit *schweren* Schritten in den Wald zurück. Du winkst noch kurz hinter ihm her, stehst auch auf und beendest die Übung, indem Du Dich ausgiebig reckst und streckst.

Du fühlst Dich jetzt ausgeruht und voller Kraft.

Wichtig: Vergessen Sie nie, jede Übung zurückzunehmen, indem Sie Ihr Kind auffordern: »Nehme nun Deine Übung zurück, indem Du Dich so richtig reckst und streckst und Dich voller Kraft und Energie fühlst.«

Die weiteren Übungen aus dem Autogenen Training erinnern die Kinder immer wieder an die »Ruhe« – »Schwere« – »Wärme«.

2. Übung: Atmung entspannen

Nachdem nun die Muskulatur entspannt ist, erweitern wir das Training mit der Geschichte »Mein Atembär«. Hier findet eine Beruhigung der Atmung statt. Das Sich-Bewußtwerden des Atemrhythmus bzw. seine Beherrschung ist übrigens die Basis fast aller Meditations- und Entspannungstechniken, und läßt sich gut in den Alltag integrieren. Man denke nur an das Sprichwort angesichts eines Problems: »Erst einmal tief durchatmen...«

Mein Atembär

Du liegst nun wieder auf Deiner Lieblingswiese und fühlst Dich *warm*, *sicher* und *geborgen*. In der Ferne hörst Du das Wasser plätschern, was Dich noch *ruhiger* und *entspannter* werden läßt, bis Du nun ganz langsam aufstehst, um Deine Umgebung zu erkunden.

Ein schmaler Weg führt Dich über eine blumenübersäte Wiese an vielen hohen Bäumen vorbei, die einen wundersamen Duft verströmen.

Du atmest mehrere Atemzüge *ganz tief ein und aus*, um die würzige Luft *ganz tief* in Dich aufzunehmen. Während Du weiter alles um Dich herum genau wahrnimmst, siehst Du, wie eine große, weiße Wolke ganz sanft vor Deinen Füßen landet. Verstohlen blickst Du in die freundlichen Augen eines kuscheligen Bären. »*Ich bin Dein Atembär*«, brummt er Dir mit seiner warmen, tiefen Bärenstimme zu.

»Ich sorge für frische Luft und gutes Atmen. Hier auf meiner Wolke fliege ich ganz hoch in den Himmel, kuschele mich schön warm ein und lasse mich von meinem Freund, dem Wind, durch die Lüfte tragen. Es ist einfach herrlich: Dort vergesse ich alles, was mir auf der Erde Sorgen macht. Hast Du Lust, mit mir zu fliegen?«

»Prima«, denkst Du und kletterst neben ihm auf die Wolke. *Ganz langsam* hebt sich die Wolke mit Euch beiden in den Himmel hinauf. Du kuschelst Dich in die warme, weiche Wolke ein und siehst, wie unter Dir alles kleiner und kleiner wird. »Tschüs!« rufst Du, »tschüs, wir fliegen!«

Ganz sicher fühlst Du Dich, während Ihr höher und höher in die Lüfte aufsteigt, und schon bald sind nur noch Wolken um Euch herum zu sehen. Alles sieht wie Watte aus. Die Wolken bilden verschiedene Formen und Gebilde, die wie Traumfiguren aussehen. Dein Körper liegt *ganz schwer* und *warm* in der weichen Wolke.

»So«, sagt nun Dein Atembär, »hier ist genau der richtige Ort, um es sich in unserer Lieblingswolke gemütlich zu machen«. Und kaum hat er es ausgebrummt, liegt er da und schaut dem Spiel der Wolken zu, wie sie sich immer wieder neu verwandeln. Dabei brummt er leise:

»Atmen lassen« – *»Atmen lassen«* . . .

Du kuschelst Dich in Deine *warme*, weiche Wolke und schaust Dir den Atembär an, wie sein dicker, gemütlicher Bauch *sich hebt und senkt, hebt und senkt.* Gleichzeitig spürst Du, daß Du immer *ruhiger* wirst. Dein Bauch *hebt* und *senkt* sich jetzt genauso wie bei Deinem Atembär.

Es weht ein angenehmer Wind, der Euch beide ganz behutsam wiegt. Du fühlst Dich richtig wohl. Die weiche Luft umspielt Deinen ganzen Körper, und die brummige, *warme* Stimme des Bären tönt: *»Atmen lassen«* – *»Atmen lassen«.*

Alles um Dich herum ist vergessen. Nur die Wolken lächeln Dir mit ihren freundlichen Gesichtern zu. Und so treibst Du und Dein Atembär noch ein Weilchen durch die Lüfte, bis Du Lust hast zurückzufliegen.

Beim Rückflug winkst Du den Wolken zu und versprichst, auf jeden Fall bald wiederzukommen. Gemeinsam mit Deinem Atembär steuert Ihr der Erde entgegen.
Nun kannst du schon die ersten Bäume erkennen. Alles wird größer und größer, bis Ihr *ganz* weich und behutsam auf der Wiese landet.
»So, nun haben wir aber genug ausgeruht!« brummt Dein Atembär.
Richtig toll fühlst Du Dich. Bevor Ihr Euch voneinander verabschiedet, verabredest Du Dich mit Deinem Atembär für die nächste Reise. »Tschüs und auf Wiedersehen!«

»Nehme nun Deine Übung zurück, indem Du Dich so richtig reckst und streckst und Dich voller Kraft und Energie fühlst.«

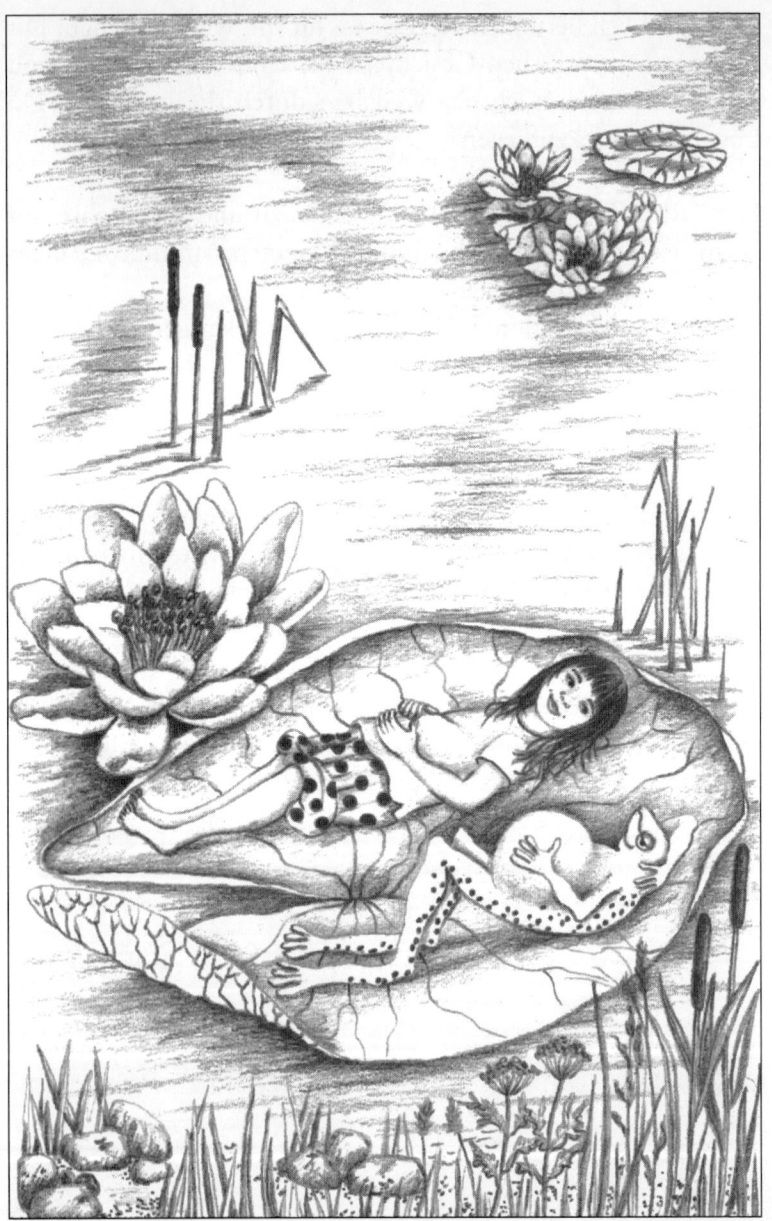

3. Übung: »Mein Bauch ist ganz warm«

Das Hinfühlen zum Bauch als der Mitte des Körpers ist für das Erlernen der Entspannung besonders wichtig. Im übertragenen Sinn wird sich das Kind hier seiner eigenen Mitte bewußt. Es findet so innere Ruhe. »Quaks, der Frosch«, will dabei helfen!

Quaks, der Frosch

Du liegst nun wieder auf Deiner Lieblingswiese und fühlst Dich richtig wohl.

Dein Körper liegt *ganz schwer* im Gras, und die warmen Sonnenstrahlen erwärmen Dich. Und während Du Dich nun so *ruhig, schwer und angenehm warm fühlst*, hörst Du eine fröhliche Stimme quaken: »Quak, quak, quak . . .«

Als Du neugierig Deine Augen öffnest, sitzt am nahegelegenen Teich ein dicker, grasgrüner Frosch, der seinen aufgeblähten Bauch in die Sonne streckt und selbstherrlich sein Maul *ganz* weit aufreißt. Als er Dich sieht, quakt er: »Na endlich, hast Du ausgeträumt!«

»Ja«, antwortest Du, »bei diesem Gequake kann ich nicht träumen!«

»Mir ist sooo langweilig, und ich möchte mit Dir gemeinsam träumen«, quakt Dir der Frosch entgegen! »Ich heiße übrigens, Quaks. Ich bin der Frosch mit dem allerallerschönsten grünen Bauch auf der Welt«.

Und während Du auf seinen dick aufgeblähten Bauch schaust, der *sich hebt und senkt, hebt und senkt*, mußt Du ihm zustimmen: Sein Bauch ist wirklich sehr schön, wie er so grasgrün in der Sonne glänzt. Und selbst sein Quaken klingt jetzt wie eine heitere

Melodie. Du fühlst Dich richtig *ruhig, schwer und wohlig warm,* während sein Bauch sich weiter *hebt und senkt.*

»Du träumst ja schon wieder!« holt Dich Quaks aus Deinen Träumen zurück.

»Nein«, antwortest Du: »Ich habe Dich nur beobachtet. Du bist wirklich der allerschönste grüne Frosch, den ich kenne.«

Ganz stolz bläht Quaks seinen Bauch nochmals auf und zaubert ein riesengroßes Blatt hervor: »Komm, wir legen uns beide auf das große Blatt und reisen ein wenig über den Teich!«

Vorsichtig kletterst Du auf das riesengroße, stabile Blatt. Quaks hat es sich schon gemütlich gemacht. Und so laßt Ihr beide Euch eine Weile vom Wind *ganz* sanft treiben.

Dein Körper liegt *ganz ruhig und schwer* auf dem Blatt, die warmen Sonnenstrahlen *erwärmen Deinen Körper,* und *Dein Bauch hebt und senkt sich* im Rhythmus der kleinen Wellen. Ein lieblicher Duft umhüllt Dich und läßt Dich noch *tiefer entspannen.* Als Du zur Seite blickst, siehst Du Quaks' Bauch in der Sonne blitzen, und seine Froschstimme quakt: »*Mein Bauch ist ganz warm! Mein Bauch ist ganz warm!*«

Während er so leise vor sich hin quakt, spürst Du auch eine *angenehme Wärme* in Deinem Bauch, und so folgst Du immer weiter seiner Stimme: »*Mein Bauch ist ganz warm!*«

Und immer weiter laßt Ihr Euch beide auf dem riesengroßen Blatt treiben, bis Ihr keine Lust mehr habt und nach Hause möchtet. Als Ihr nun wieder am Ufer angekommen seid, verabschiedet Ihr Euch voneinander und verabredet Euch für ein nächstes gemeinsames Träumen. Und als Du auf Deine Wiese zurückgekehrt bist, fühlst Du Dich richtig wohl und ausgeruht.

Wichtig: Zurücknehmen nicht vergessen!

4. Übung: »Mein Herz schlägt ruhig und regelmäßig«

Das Lauschen auf den eigenen Herzschlag, das Spüren und Sich-Bewußtmachen seines Rhythmus sind der letzte wichtige Schritt auf dem Weg zu innerer Ruhe durch Autogenes Training. Der »Hase Rudi Hoppelbein« zeigt nun, wie es gemacht wird.

Der Hase Rudi Hoppelbein

Du liegst nun wieder auf Deiner Lieblingswiese und fühlst Dich *richtig wohl*. Dein Körper liegt *ganz schwer* im Gras, und die *warmen* Sonnenstrahlen *erwärmen* Dich.

Die *Ruhe*, die von Deiner Wiese ausgeht, läßt Dich alles vergessen, bis auf einmal jemand ganz vorsichtig an Deinem Ärmel zupft: »Aufwachen! Du liegst auf meiner Wiese«, hörst Du eine leise, freundliche Stimme neben Dir.

Als Du ganz erstaunt Deine Augen öffnest, erblickst Du einen etwas sonderbaren Hasen.

»Ich heiße Rudi Hoppelbein und bin gerade auf dem Weg zur Arbeit. Wieso liegst Du einfach hier?«

»Nun mal ganz langsam«, antwortest Du, »meine Güte bist Du hektisch und nervös!«

»Ja, ja«, stöhnt Rudi Hoppelbein, »wenn Du wüßtest, wieviel Arbeit ich habe. Ich muß unbedingt ...«

Da hast Du ihn auch schon unterbrochen: »Weißt Du was? Lege Dich doch einfach neben mich und mache mit mir eine kleine Pause!«

»Na, gut! Aber nur eine ganz kleine«, antwortet Rudi.

Ihr liegt nun beide im hohen Gras. Eure Körper liegen *ganz ruhig und schwer* auf der Wiese. Die warmen Sonnenstrahlen

spenden eine *angenehme Wärme*. Ihr fühlt Euch *richtig warm*, *sicher* und *geborgen*, während Euch ein lieblicher Duft alles um Euch herum vergessen läßt.

Als Du nun zur Seite schaust, liegt Rudi Hoppelbein *richtig ruhig* neben Dir, die Sonne scheint auf seinen dicken Hasenbauch, der sich nun *hebt und senkt und hebt und senkt*. Sein kleines Hasenherz *schlägt ganz ruhig und regelmäßig* in seiner Hasenbrust.

Jetzt meinst Du, das kleine Hasenherz ganz leise schlagen zu hören, im Rhythmus: »*Mein Herz schlägt ganz ruhig und regelmäßig!*« – »*Mein Herz schlägt ganz ruhig und regelmäßig!*«

Und auch Du spürst, wie Du *ruhiger und ruhiger* wirst, während *Dein Herz ganz ruhig und regelmäßig* in Deiner Brust sich auf und ab bewegt. So liegst Du gemeinsam mit Rudi Hoppelbein noch eine Weile im Gras. Ihr genießt es beide, so vor Euch hin zu träumen und die Ruhe *ganz tief* zu spüren.

Nachdem Ihr beide Euch nun genug ausgeruht habt, zupfst Du Rudi Hoppelbein an seinem langen, braunen Hasenohr: »Aufstehen, ausgeträumt!«

Langsam reckt und streckt Rudi seine Hasenglieder und öffnet seine Augen. »*Das war aber schöööön!* So wohl, habe ich mich schon lange nicht mehr gefühlt. Ich bin *ganz ruhig*. Wenn ich es so recht bedenke, kann ich jetzt viel besser arbeiten.«

Rudi Hoppelbein bedankt sich bei Dir und verabredet sich gleich wieder mit Dir.

Als Du ihn so langsam und fröhlich in den Wald hoppeln siehst, spürst auch Du, wie *ruhig und ausgeruht* Du Dich fühlst.

Wichtig: Zurücknehmen nicht vergessen!

Nachdem Sie Ihrem Kind die einzelnen Geschichten aus dem Autogenen Training vorgelesen haben (oder gemeinsam die Kassette gehört
haben), beginnt nun die Vertiefungsphase. Für
jedes erfolgreiche Lernen steht das regelmäßige
Wiederholen im Vordergrund. Der Erfinder des
Autogenen Trainings, Prof. Dr. Dr. J. H. Schulz
spricht in diesem Zusammenhang von der sogenannten Anwendungsphase, in der weiter trai-
niert werden sollte.

Mit Memo-Training zu Entspannung und Konzentration

Der Begriff »Memo-Training« bedeutet Aktivierung der Erinnerung. Das Wissen und mit ihm alle Erfahrungen, Erinnerungen und alles Gelernte, Eingeprägte sind im Gehirn gespeichert.

Was kann Memo-Training bewirken?

Jedes Kind verfügt über viele Fähigkeiten und im Zusammenhang mit diesen Fähigkeiten über ein spezielles Wissen. Manchmal verlieren die Kinder aber den Zugang zu diesem Wissen. Ängste, mangelnde Konzentration oder innere Unruhe und Denkblockaden können die Folge sein: Kinder berichten mir oft, daß sie für eine Klassenarbeit gelernt haben, aber bei dem Test fast nichts mehr wußten oder daß sie die Flüchtigkeitsfehler, die sie trotz guter Vorbereitung auf eine Arbeit gemacht hatten, verunsicherten.

Durch die speziellen Übungen aus dem Memo-Training lernen die Kinder, sich auf spielerische Art und Weise zu entspannen und zu konzentrieren und dadurch auch leichter und schneller wieder Kontakt zu ihren Erinnerungen, Erlebnissen und eben auch zu Gelerntem zu finden.

Gelerntes ist leichter abrufbar

Schwerpunktmäßig werden hierbei auch die einzelnen Sinneswahrnehmungen geschult:

■ Sehen

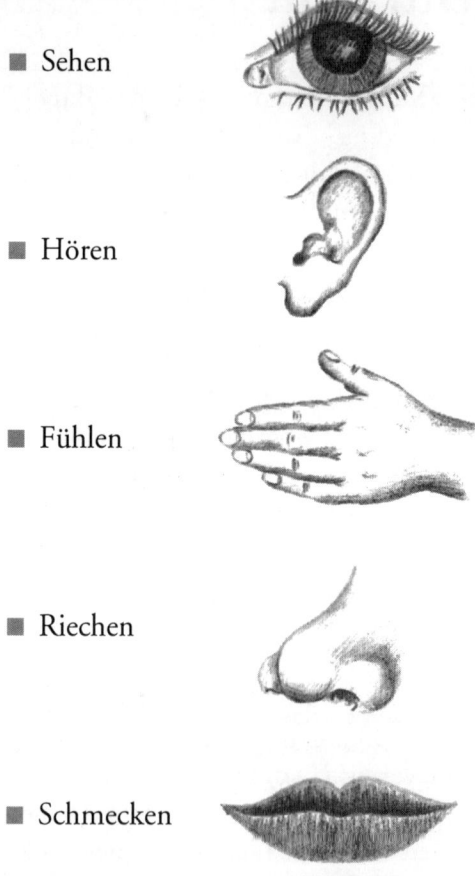

■ Hören

■ Fühlen

■ Riechen

■ Schmecken

■ und der Umgang mit »Merksätzen«.

Jede Entspannungsgeschichte behandelt einen bestimmten Themenkreis. Fähigkeiten, zu denen das Kind den Zugang verloren hat, werden wieder aktiviert. Das Kind erlebt aktiv die Geschichte. Es kann sich mit den darin vorkommenden Phantasiefiguren identifizieren und bekommt von ihnen in jeder Geschichte eine positive Eigenschaft in Form eines Merksatzes »geschenkt«. Das Kind wird sich diesen Merksatz sicher gerne einprägen und sich über den Merksatz sofort an die Geschichte erinnern. Der Merksatz ist praktisch der Schlüssel für eine bestimmte Fähigkeit, er schlägt die Brücke zwischen dem Märchen und der Bewältigung von Alltagssituationen. Wenn Sie beispielsweise eine bestimmte Musik hören, erinnern Sie sich vielleicht an eine damit verbundene Situation. Oder wenn Sie ein besonders Parfüm riechen, denken Sie an eine ganz bestimmte Person. Auf diese Weise erinnert sich das Kind über den Merksatz an die Geschichte und hat somit Kontakt zu der in der Geschichte angesprochenen Fähigkeit. Durch häufiges Wiederholen dieser Entspannungsgeschichten wird aus dem anfänglichen Kontakt zu der angesprochenen Fähigkeit im Lauf der Zeit Vertrauen. Dem Kind gelingt es so auch, Gelerntes zu vertiefen und in der gewünschten Situation konzentriert anzuwenden.

Die Geschichten als »Geschenk« von positiven Eigenschaften

Ich finde mit meinem Kind einen gemeinsamen Merksatz

Positive Worte haben eine positive Wirkung. Vielleicht haben Sie Lust, gemeinsam mit Ihrem Kind einen ganz eigenen Merksatz zu erfinden? Beispielsweise setzt der Satz »Ich schaffe es!« positive Eigenschaften frei. In einer schwierigen Situation kann eine solche Autosuggestionsformel dem Kind helfen. Diese Sätze sollten »immer positiv« formuliert und in der »Gegenwartsform« ausgedrückt werden.

Eltern und Kind bereiten sich auf das Memo-Training vor

Nun beginnen wir mit der Vorbereitung auf das Erzählen der einzelnen Geschichten. An dieser Stelle habe ich als Erinnerungshilfe die wichtigsten Punkte noch einmal kurz zusammengefaßt. Ausführlich wurden sie bereits bei der Vorbereitung auf das Autogene Training (vgl. Seite 32f.) beschrieben.

1. Persönliche Einstimmung (Abschalten vom Alltag).
2. Ruhiges Zimmer aussuchen und mögliche Störquellen ausschalten.
3. Bequeme Liege- oder Sitzhaltung einnehmen.
4. Wenn möglich, sollte das Kind die Augen schließen oder einen bestimmten ruhigen Punkt im Zimmer fixieren.

5. Die Geschichte ruhig und langsam vorlesen. Die mit Anführungsstrichen markierten und kursiv gedruckten *»Merksätze und Wörter«* mit tiefer Stimmlage besonders betonen.
6. Das Memo-Training sollte regelmäßig angewendet werden, damit es vertieft und somit richtig gelernt wird. Wiederholen Sie deshalb die Geschichten mit Ihrem Kind regelmäßig.

Wie alles im Leben, braucht auch das Memo-Training Zeit, um sich voll entwickeln und damit wirken zu können.

Stellen Sie sich doch einmal eine kleine Pflanze vor: Die braucht zum Wachsen viel Licht, Nahrung und liebevolle Pflege. Erst dann kann sie zu einem gesunden Baum heranwachsen. Genauso ist es mit Ihrem Kind: Mit Vertrauen auf seine inneren Fähigkeiten, mit Geduld und Liebe, wird auch Ihr Kind zu einem gesunden, selbstbewußten Menschen heranwachsen können.

Um das Memo-Training erfolgbringend einzusetzen, bedarf es eines Übungszeitraums von mindestens vier bis sechs Monaten, wo regelmäßig geübt werden sollte.

Es wäre schön, wenn Sie sich in der Woche drei- bis viermal Zeit für das Memo-Training mit Ihrem Kind nehmen würden.

Wie lange soll das Memo-Training geübt werden?

Hinweise
zum
Umgang mit
der Kassette
(bei der
Package-
version)

Es gibt prinzipiell zwei Möglichkeiten, die Kassette zu benutzen.

1. Als Hilfestellung zum Erzählen

Vielleicht haben Sie Lust, sich die Kassette erst einmal in Ruhe selbst anzuhören. Achten Sie auf den langsam, einfühlsam gesprochenen Text und die besonders tiefe Betonung der einzelnen Merksätze. Somit haben Sie die Möglichkeit, ein Gefühl für das richtige Vorlesen der Entspannungsgeschichten zu bekommen. Es kann Ihnen und Ihrem Kind viel Freude bereiten, wenn die Geschichten vorgelesen werden.

2. Gemeinsames Hören der Kassette

Wenn Sie sich für das gemeinsame Hören der Kassette entschieden haben, möchte ich Sie bitten, die Kassette erst einmal ohne Ihr Kind zu hören, damit Sie über den Inhalt ausreichend informiert sind.

Es wäre schön, wenn Sie aus dem gemeinsamen Hören ein kleines Ritual machen. Sich also etwas vorbereiten (siehe Seite 33: »Innere Ruhe des Erzählers« u. »Wir machen es uns gemütlich«).

Nachdem Sie ausreichend vorbereitet sind, können Sie sich gemeinsam mit Ihrem Kind einen Platz suchen, wo Sie sich beide es richtig gemütlich machen.

Dann beginnen Sie mit dem Hören einer Geschichte.

Nachdem die Entspannungsgeschichte beendet ist, recken und strecken Sie sich und unterhalten sich mit Ihrem Kind über das Erlebte.
Wenn Sie beide jetzt noch Lust haben, kann ein Vertiefungsspiel angeschlossen werden.

Wichtiger Hinweis: Für den Erfolg der Übungen ist es besonders wichtig, daß Sie sich Zeit und Muße für Ihr Kind nehmen. Die Kassette ist keinenfalls dafür gedacht, daß das Kind diese in der Anfangszeit alleine hört. Es geht um das gemeinsame Erleben.

Erst später, wenn das Kind mit den einzelnen Geschichten vertraut ist, kann es diese auch allein hören.

Die einzelnen Entspannungsgeschichten

Die folgende Entspannungsgeschichte dient ganz gezielt dem Abbau von Ängsten und Unruhe. Sie hat sich auch als ausgleichende Übung bei überstarkem Bewegungsdrang und Unruhe bewährt.

Ganz entspannt im Wunderland

Stelle Dir nun wieder vor, wie Du auf Deiner Lieblingswiese liegst und Dich *ganz wohl* und *geborgen* fühlst. Schaue Dich um, was Du alles erkennen kannst, und vielleicht gibt es noch Geräusche oder einen bestimmten Duft, der Dich Deine Entspannung *noch tiefer* fühlen läßt.

Und während Du die Besonderheiten Deiner Umgebung auf Dich wirken läßt, spürst Du, daß Du mit jedem Atemzug *ruhiger* und *entspannter* wirst, bis Du eine leise freundliche Stimme hörst: »*Ganz entspannt im Wunderland«, »ganz entspannt im Wunderland«*, klingt es aus der Ferne.

Du bist nun ziemlich neugierig geworden und stehst auf, um der Stimme zu folgen. Schritt für Schritt kommst Du näher an den Fluß heran: Da liegt in der Sonne auf einem großen Floß ganz gemütlich ein Murmeltier und murmelt in seiner Murmelsprache: »*Ganz entspannt im Wunderland.*«

»Was machst Du da«, fragst Du das Murmeltier?

»Ich träume von meinem Wunderland, in dem ich so gut entspannen kann. Wir Murmeltiere haben es nämlich nicht mehr so gut wie früher, wo wir noch hier in der Erde schlafen konnten. Heute muß ich in mein Wunderland fahren. Es liegt auf der anderen Seite des Flusses. Nur dort kann ich Ruhe und Entspannung finden. Ich wollte eigentlich gerade wieder lospaddeln. Hast Du Lust mitzukommen? Vielleicht kannst Du auch etwas Ruhe gebrauchen?

Wenn Du zum Beispiel einmal ganz für Dich allein sein möchtest, ohne Eltern, Geschwister, Freunde oder Lehrer, kannst Du Dich dort prima erholen. Ich verrate nur Dir den Satz, wie Du mich erreichen kannst. Ich bin nämlich das einzige Murmeltier auf der Welt, das den Weg kennt. Also, hast Du Lust?«

»Na, klar«, sagst Du, »gerade in der letzten Zeit habe ich so viel mit den Eltern, der Schule zu tun und noch vieles mehr, was mir durch den Kopf geht. Das würde mir sicherlich gut tun.«

»Dann los! Wenn Du Lust hast, kannst Du Dein Lieblingsspielzeug und alle Dinge mitnehmen, die Du brauchst.«

Du suchst Dir einen gemütlichen Platz auf dem Floß. Gemeinsam gleitet Ihr sicher mit dem Floß über die Wellen. Du kannst auf der Fahrt wieder viele Dinge sehen, hören und vielleicht riechen. Du fühlst Dich *ganz sicher*, während das Floß im Rhythmus Deiner Atmung *auf und ab* über die *ruhigen* Wellen gleitet. Mit jedem Wellenschlag fühlst Du Dich schon *entspannter* und *ruhiger*. Alle Gedanken und Sorgen bleiben zurück.

»Land in Sicht«, ruft das Murmeltier!

Und schon erkennst Du eine wunderschöne Insel. Ihr legt mit dem Floß an, und kaum habt Ihr die Insel betreten, da ist das Murmeltier schon in seinen tiefen Murmeltierschlaf gefallen. Es schnarcht *ganz tief* und *fest*. Du machst Dich nun allein auf den Weg, um Deine Entspannungsinsel zu erkunden.

Es ist schon interessant, was es dort alles zu sehen, zu hören und zu riechen gibt. Nimm Dir viel Zeit, um die Besonderheiten Deiner Insel zu erkunden. An diesem Ort wirst Du alles finden, was Du brauchst, was immer es auch für Dich sein mag. Laß Dich überraschen, was Deine Insel Dir schenken wird.

Vielleicht findest Du einen Lieblingsplatz, wo immer er auch sein mag, ob es das Baumhaus, der Strand oder auch ein ganz anderer Ort ist, an dem Du Dich besonders wohl fühlst.

Und wieder hörst Du aus der Ferne das Murmeltier singen: »*Ganz entspannt im Wunderland, ganz entspannt im Wunderland...*«

Wie Musik klingt es in Deinen Ohren, und Du spürst eine *angenehme Ruhe* in Deinem Körper. Du verweilst so eine Zeitlang und genießt die *Ruhe*. Du weißt gar nicht, wie lange Du so dagelegen hast, als das Murmeltier Dich ganz sanft am Ärmel zupft und Dir sagt, daß es Zeit wird umzukehren. Du verabschiedest Dich von Deiner Insel und denkst, daß Du auf jeden Fall zurückkehren wirst.

Auf dem Floß guckst Du noch einmal zurück auf Deine Insel, die nun immer kleiner wird. In Gedanken hörst Du immer noch den Gesang des Murmeltieres: »*Ganz entspannt im Wunderland!*«

»Ausgeträumt!«, hörst Du eine Stimme hinter Dir, »wir sind wieder zu Hause«.

Du bedankst Dich bei dem Murmeltier und versicherst ihm, auf jeden Fall zurückzukommen. »Tschüs!« und mit einem freudigen Winken verabschiedet Ihr Euch voneinander. Und während Du zu Deiner Wiese zurückkehrst, spürst Du, wie Du voller Kraft und Energie bist.

Wichtig: Zurücknehmen der Übung nicht vergessen!

Diese Entspannungsgeschichte fördert ganz gezielt die Konzentrationsfähigkeit des Kindes, denn:

Konzentriert geht's garantiert!

Du liegst nun wieder auf Deiner Lieblingswiese und fühlst Dich *wohlig warm, sicher* und *geborgen*, als Du über Dir ein leises Brummen hörst. Du öffnest Deine Augen und siehst, wie ein bunter Teppich hoch in den Lüften über Dir fliegt.

Beim genaueren Hinschauen erkennst Du eine ganz bunt bekleidete Gestalt mit einem riesengroßen Turban auf dem Kopf. Sie steuert mit einem fliegenden Teppich direkt auf Dich zu.

»Hallo, ich heiße Aladin und komme aus dem Entspannungsland. Dort habe ich nämlich gehört, daß Du etwas Konzentration gebrauchen könntest.«

»Ja, ja das stimmt«, antwortest Du, »ich habe immer so viele Gedanken im Kopf – alles Dinge, die ich gerne auf einmal machen möchte: Spielen, meine Hausaufgaben machen, mit meinen Freunden reden und vieles, vieles mehr.«

»Na ja«, antwortet Aladin, »so ist das nun mal bei den Menschen. Bei uns im Entspannungsland ist das alles ganz anders. Jeder von uns hat seinen eigenen fliegenden Entspannungsteppich. Es ist ganz einfach: Du setzt Dich auf den Teppich und denkst – »*Konzentriert geht's garantiert!*« –, und schon beginnt der Teppich, vom Boden abzuheben. Je höher Du mit dem Teppich fliegst, desto besser kannst Du Dich konzentrieren.« »Toll«, denkst Du. »Da ich die Entspannungsteppiche verwalte und gerade einige übrig habe, schenke ich Dir einen, und Du kannst das Fliegen mit ihm gleich einmal selbst ausprobieren.«

Ganz gespannt krabbelst Du auf den bunten Teppich. Und kaum hast Du es Dir gemütlich gemacht und – *»Konzentriert geht's garantiert!«* – gedacht, hebt er von der Wiese ab. Du fühlst Dich ganz sicher und geborgen, während der Teppich nun höher und höher fliegt. Mit jedem *»Konzentriert geht's garantiert!«* steigt er *höher* und *höher* in den Himmel. Alles unter Dir wird kleiner und kleiner, bis Du ganz in den weichen Wolken versunken bist.

Du spürst richtig, wie sich Deine Gedanken ordnen und der Kopf klarer wird. Ja, Du bist richtig *ruhig* und *konzentriert*. Und was ganz praktisch ist, je mehr Du Dich *konzentrierst*, desto höher kannst Du fliegen. Du genießt es, mit Deinem Entspannungsteppich durch die Lüfte zu fliegen. Ein *angenehmer, kühler* Windhauch streicht über Deine Stirn, während Dein Körper *gemütlich warm* bleibt. Und vielleicht gibt es für Dich hoch oben in dem Himmel einen ganz bestimmten Duft zu riechen, der Dich noch *ruhiger* werden läßt. Richtig erholt bist Du, als Du Dich auf den Rückflug machst. Und Du spürst auch beim langsamen Hinabfliegen, daß Du *ganz ruhig* und *konzentriert* bleibst. Die Stimme im Ohr – *»Konzentriert geht's garantiert!«* –, der bunte Teppich und vielleicht noch etwas ganz anderes erinnern Dich an die *Konzentration* und *Ruhe* in Dir.

Als Du nun wieder sicher gelandet bist, siehst Du Aladin winkend über Dir fliegen: »Ich muß noch viele Kinder besuchen und ihnen einen Entspannungsteppich schenken. Also tschüs und viel Spaß.«

»Vielen Dank!«. Du freust Dich und denkst schon an die vielen Gelegenheiten, in denen Du Deinen Entspannungsteppich und *»Konzentriert geht's garantiert«* gebrauchen kannst.

Zurücknehmen der Übung nicht vergessen!

Diese Geschichte hilft dabei, einmal so richtig Abstand vom Alltag zu gewinnen und alle Sorgen und Probleme einfach zu vergessen.

Eins, zwei, drei – sorgenfrei!

Du liegst wieder auf Deiner Lieblingswiese und fühlst Dich *warm, sicher* und *geborgen*. Vielleicht hast Du Lust, aufzustehen und Deine Umgebung etwas näher zu betrachten. Und wie Du nun so durch Deine Wiese streifst und Dich genau umschaust, hörst Du in der Ferne einen Wasserfall. In Deinem ganz eigenen Tempo schlenderst Du auf das Wasser zu.

Du denkst, Du träumst, als Du die kleinen, bunten Wassergeister im Wasser freudig plantschen siehst. Sie jauchzen, singen, springen, tanzen und freuen sich ihres Lebens.

Da hat Dich ein kleiner Wassergeist entdeckt und schaut Dich mit seinen meergrünen Funkelaugen ganz verwundert an: »Hallo, was machst Du denn hier?«

»Ich gehe spazieren und habe Euch hier spielen gesehen. Es ist schön, Euch zuzuschauen. Ihr seid so unbeschwert und fröhlich, als ob Ihr überhaupt keine Sorgen kennen würdet.«

Da zwinkert Dir der kleine Wassergeist mit seinen meergrünen funkelnden Augen zu: »Soll ich Dir ein großes Geheimnis verraten? Dieses Wasser ist ein besonders reinigendes Zauberwasser. Wenn wir 'mal Sorgen haben, uns krank fühlen, oder wenn wir Ärger mit unserem Wassergeistlehrer haben, gehen wir an diesen Ort. Wir steigen in das Zauberwasser, plantschen und spülen uns alle Sorgen von unserem Wassergeistkörper. Dabei sagen wir uns: *Eins, zwei, drei – sorgenfrei! –* und alles was Dich belastet, spült das Wasser von Dir weg. Komm doch einfach mal zu uns herein.«

»Oh ja«, denkst Du, und, ehe Du Dich versiehst, stehst Du schon mit beiden Beinen ganz sicher im Wasser. Das Zauberwasser fühlt sich herrlich frisch und sprudelnd an. Die kleinen glitzernden Wassertropfen schimmern in der Sonne, und ein ganz bestimmter Duft erfüllt Dich mit Wohlbehagen. Ja, Du spürst schon, wie in Deinem Kopf, im ganzen Körper sich alles *ganz frei* anfühlt. Und als Du noch »*Eins, zwei, drei – sorgenfrei!*« denkst, sind alle Sorgen wie weggeblasen.

Du spielst nun eine Weile zusammen mit den kleinen Wassergeistern, die Dich freudig in ihren Kreis aufgenommen haben. Du fühlst Dich so *wohl* und *unbeschwert* wie schon lange nicht mehr. Und mit jedem Wasserstrahl, der Deinen Körper benetzt, spürst Du eine *tiefe innere Ruhe* in Dir. Im Grunde genommen ist alles *ganz einfach*.

Und immer wieder hörst Du die Stimmen der kleinen Wassergeister gemeinsam singen: »*Eins, zwei, drei – sorgenfrei!*«

»Das Leben ist schön!« jubelst Du.

»So«, sagt einer der Wassergeister, »wir müssen jetzt zurück«. Da fällt Dir ein, daß auch Du nun auch zurück mußt, weil Du etwas Wichtiges zu erledigen hast. Du bedankst Dich bei den Wassergeistern und verabschiedest Dich. »Bis Morgen«, ruft Dir ein kleiner Wassergeist zu, »wir sind jeden Tag hier«.

Du legst Dich nun noch ein Weilchen auf Deine Wiese und läßt Dich von den *warmen* Sonnenstrahlen trocknen. Und während Du nun so *wohlig warm* und *geborgen* im Gras liegst, denkst Du noch an die Wassergeister und »*Eins, zwei, drei – sorgenfrei!*«.

Zurücknehmen der Übung nicht vergessen!

Diese Geschichte hat sich besonders als Gute-Nacht-Geschichte bewährt. Sie fördert das Ein- und Durchschlafen, baut Ängste ab und hilft dem Kind, leichter vom Alltag abzuschalten und Ruhe zu finden.

»Ich schlafe ein und schlafe fein!«

Du liegst nun in Deinem Bett und fühlst Dich *warm*, *sicher* und *geborgen*. Wie eigentlich fast jeden Abend träumst Du so vor Dich hin, bis Du auf einmal einen wunderschönen Gesang hören kannst.

Er hört sich so *lieblich* und *beruhigend* an. Hinzu kommt noch dieser bezaubernde Duft, der Dich *angenehm müde* werden läßt. Du spürst richtig, wie Deine Glieder *ganz schwer* werden und Deine Gedanken wie in einen dicken, weichen Nebel getaucht sind.

Und auf einmal siehst Du einen hellen, leuchtenden Lichtstrahl, in dem sich bei genauerem Hinschauen eine kleine zierliche Gestalt erkennen läßt. Die Formen der kleinen Gestalt sind kaum richtig zu sehen, aber Du spürst, daß es ein freundliches Wesen ist.

»Wer bist Du denn«, fragst Du?

»Ich bin ein Sternenkind und komme aus dem *Land der Träume*.«

»Wo ist denn das Traumland?«

»Ja, das Traumland ist ganz weit weg. Es liegt hoch über den Wolken.«

»Und was machst Du hier«, fragst Du?

»Wir Sternenkinder schauen immer zur Schlafenszeit bei den Kindern auf der Erde nach dem Rechten. Ob sie schon eingeschlafen sind, oder ob sie grübeln und ob sie sich etwa Sorgen machen. Und manchmal gibt es Kinder, die wachen nachts auf, weil sie schlecht geträumt haben und Angst haben. Diesen Kindern schenke ich einen Schlafstern.«

»Einen Schlafstern«, fragst du ganz erstaunt?

»Ja, einen Schlafstern!«

Und plötzlich siehst Du in der Hand des Sternenkindes etwas blitzen. Der Stern funkelt und glitzert wie tausend kleine bunte Edelsteine. Und als Du den Schlafstern in Deiner Hand hältst, spürst Du, daß eine *ganz besondere Kraft* von ihm ausgeht. Er fühlt sich *angenehm warm* in Deinen Händen an. Du spürst, wie Du jetzt noch *ruhiger, entspannter* und *ganz müde* wirst.

Und als Du das Sternenkind aus der Ferne noch *»Schlafe ein und schlafe fein!«* singen hörst, bist Du in einen *tiefen* Schlaf gefallen. Du hast Dich *ganz fest* an Deinen Schlafstern gekuschelt, der Dich nun die ganze Nacht über beschützen wird. Richtig *tief* und *fest* schläfst Du. Du fühlst Dich im Schlaf *sicher, warm* und *geborgen*.

Als Du nun am nächsten Morgen aufwachst, denkst Du, Du hättest die Geschichte mit dem Sternenkind geträumt, bis Du Deinen Schlafstern siehst, der nach wie vor in Deiner Hand funkelt und glitzert.

Da hörst Du eine Stimme rufen: »Aufstehen!«

Du reckst und streckst Dich und fühlst Dich wunderbar frisch und ausgeruht. Deinen Schlafstern versteckst Du irgendwo in Deinem Zimmer, um Dich heute Nacht wieder an ihn zu kuscheln.

Zurücknehmen der Übung nicht vergessen!

Diese Entspannungsgeschichte will helfen, das Selbstwertgefühl des Kindes zu stärken. Hier sollen Ängste abgebaut und das Kind dazu ermutigt werden, sich selbst mehr zuzutrauen und Mut zu entwickeln.

Mit Mut geht's gut!

Du liegst nun wieder auf Deiner Lieblingswiese und fühlst Dich ganz *sicher*, *warm* und *geborgen*. Wie Du so vor Dich hin träumst, hörst Du aus der Ferne ein knarrendes Geräusch, das langsam näher kommt und sich auf Dich zubewegt: »Nanu«, murmelst Du: »Wer stört mich denn hier beim Träumen?«
Polternd und dampfend kommt dieses seltsame Gefährt auf Dich zu, bis es unmittelbar vor Dir stehenbleibt. Mit einem heftigen Schwung fliegt die runde Klappe auf und ein sprechender Mini-Dinosaurier raunt Dir ein freundliches »Hallo« entgegen. Mit einem riesengroßen Tuch wischt er sich die Schweißperlen von der Stirn.
»Huch, geschafft! Meine Güte, war das ein Weg! Ich komme nämlich mit meiner Zeitmaschine – so heißt mein Fahrzeug – aus der Kreidezeit. Ich bin ein Mikropachyephalosaurus. Aber diesen Namen können sich die meisten nicht merken, deshalb nennen mich alle nur Mikro. Seit ein paar Tagen reise ich mit einer wahnsinnig hohen Geschwindigkeit, ja, fast schon mit Lichtgeschwindigkeit, in meiner Zeitmaschine durch die Jahrhunderte, um Dich zu finden.«
»Wieso gerade mich«, fragst Du ganz erstaunt?
»Um Dir einen Dino-Zauberstab zu schenken. Einen Dino-Zauberstab kann man nämlich immer gebrauchen. Was meinst Du wohl, wenn ich, klein wie ich bin, bei den vielen großen

Dinos meinen Zauberstab nicht hätte! Ich halte ihn vor meinen Körper und sage: ›*Mit Mut geht's gut!*‹. Und glaube mir, selbst der große Tyrannosaurus Rex sucht dann ganz schnell das Weite.

Weißt Du, ich bin ja der kleinste Dino, den es überhaupt gibt, und deshalb ist der Zauberstab für mich so wichtig. Und wenn ich meinen Zauberstab bei mir trage, fühle ich mich *ganz groß und stark* wie ein riesiger Dino. Ich spüre dann richtig die Kraft in mir, und alle Ängste sind davongeflogen.«

Du hörst ganz fasziniert den Erzählungen von Mikro zu. Ist schon toll, so ein Dino-Zauberstab. Wenn Du nachdenkst, könntest Du auch einen solchen Dino-Zauberstab gebrauchen, beispielsweise für die Schule und so.

Als ob Mikro Deine Gedanken lesen könnte, fragt er Dich: »Hast Du Lust, mit mir in die Kreidezeit zu fahren? Du brauchst keinerlei Angst dabei zu haben, denn den Zauberstab schenke ich Dir jetzt schon. Nimm ihn nur ganz fest in die Hand und sage: ›*Mit Mut geht's gut!*‹.«

Und tatsächlich, als Du den Zauberstab in der Hand hälst, spürst Du, wie *Dein Körper* eine andere *Haltung* einnimmt und eine *große Kraft* zu spüren ist.

»Na, dann los!« Ganz stolz hast Du neben Mikro im Cockpit der Zeitmaschine Platz genommen. »Festhalten und los geht die Reise in die Vergangenheit!« Neben Mikro und dem Zauberstab fühlst Du Dich *ganz sicher*, während Ihr mit lautem Getöse *tiefer* und *tiefer* in die Vergangenheit reist.

Durch das kleine runde Fenster kannst Du viele bunte Lichtfetzen erkennen, die sich laufend verändern.

Rumms – »jetzt sind wir gelandet«, sagt Mikro. Vorsichtig öffnet Ihr die große runde Luke über Euch. Hier riecht es aber ganz seltsam, denkst Du. Und als Ihr beide aussteigt, bist Du in einer anderen Welt.

Super! 65 Millionen Jahre seid Ihr in die Vergangenheit gefahren. Eine ganz andere Welt. Das glaubt mir kein Mensch!

»Da schau!« Mikro steht nun dicht neben Dir und zeigt mit seinem Dinofinger auf einen riesigen Triceatops-Saurier, der schnaufend auf Euch zugerast kommt. Schnell den Zauberstab und *Mit Mut geht's gut!«* – und schon fühlst Du Dich voller Kraft: Der Triceatops wird immer kleiner, bis er die Größe eines Marienkäfers erreicht hat und davonfliegt.

»Mikro, das ist ja fantastisch!«

»Ja, ja, ich weiß«, schmunzelt Mikro.

Und weiter geht die Wanderung durch einen dichten Urwald. Du kannst viele unterschiedliche, fremdartige Geräusche hören, und der Duft der verschiedenen Pflanzen läßt Dich noch mutiger durch den Urwald schreiten.

»Da, ein Schatten!« Über Euch fliegt ein Pteranodon, der zum Sturzflug auf Euch ansetzt. *»Mit Mut geht's gut!«*, sprichst Du laut vor Dich hin. Du kannst es selbst kaum fassen, aber *Dein Körper richtet sich auf*, Deine Augen schauen den Angreifer fest und klar an, und eine *große Kraft* durchströmt Dich. Der Zauberstab in Deiner Hand vergrößert Deinen Mut noch: Und siehe da: Der Flugdinosaurier bricht seinen Sturzflug ab, breitet seine großen Flügel aus und fliegt schnell davon. Mikro ist richtig stolz auf Dich, wie mutig Du mit den Dinosauriern umgegangen bist, und klopft Dir ganz fröhlich auf die Schulter. Auch Du bist mächtig stolz auf Dich. Du denkst: »Wenn ich schon mit so großen furchtbaren Dinos fertig werde, dann sind die Dinge des Alltags doch kleine Fische. Wenn ich mir dann den Satz – *Mit Mut geht's gut!* – vorsage, und auch noch den Zauberstab habe, kann mir gar nichts mehr passieren«.

Nachdem Ihr beide noch ein bißchen durch den Urwald gestreift seid, wird es nun langsam Zeit, wieder in die Gegenwart zurückzufliegen. Gemeinsam mit Mikro steigst Du in die Zeitmaschine, die Euch ganz schnell und sicher in die Gegenwart zurückbringt.

Es rumst wieder, und schon seid Ihr auf der Erde gelandet. Du kletterst aus der runden Luke hervor, verabschiedest und bedankst Dich bei Mikro.

Mikro schließt die Luke seiner Zeitmaschine wieder, und sie hebt mit lautem Getöse ab. Mikros Zeitmaschine wird kleiner und kleiner, bis sie irgendwo ganz in den Wolken verschwindet.

Du liegst nun wieder auf Deiner Lieblingswiese und denkst über alles nach, was Du erlebt hast. Ob es ein Traum oder ob es Wirklichkeit war, überlegst Du einen Augenblick.

»Ach, ist doch ganz egal! Hauptsache, ich spüre den Mut in mir. Und manchmal sind die Träume wichtiger als die Wirklichkeit«, denkst Du.

Zurücknehmen der Übung nicht vergessen!

Diese Entspannungsgeschichte zeigt dem Kind, wie es lernen kann, Kraft und Energie aus sich selbst zu schöpfen. Durch die Aktivierung der eigenen mentalen Kräfte werden die Konzentrationsfähigkeit und das Selbstwertgefühl gesteigert.

Mit Energie verlierst Du nie!

Du machst es Dir nun wieder auf Deiner Lieblingswiese so richtig *gemütlich* und fühlst Dich *warm, sicher* und *geborgen*.
Auf einmal nimmst Du einen süßlichen angenehmen Duft wahr. Als Du die Augen öffnest, ist gerade neben Dir im Gras eine großes, kuscheliges Phantasietier gelandet: »Ich bin Dein Glückstier und komme direkt aus dem Zaubergarten. Ich möchte Dir nämlich etwas ganz, ganz Außergewöhnliches zeigen«. Während Du seiner *warmen* Stimme lauschst, spürst Du eine *tiefe innere Ruhe* in Dir. Ja, Du fühlst Dich in Gegenwart des kuscheligen Phantasietiers *sicher* und *geborgen*. Du hast fast das Gefühl, als sei es ein alter Vertrauter von Dir.
»Setz Dich doch einfach auf meinen breiten, weichen Rücken«, ruft Dich das Kuscheltier aus Deinen Gedanken zurück. Mit einem sicheren, guten Gefühl kletterst Du auf Dein Glückstier und kuschelst Dich in das warme Fell. Es ist ein schönes Gefühl, so geborgen und warm wie in Watte gepackt auf seinem Rücken zu sitzen.
Jetzt blinzelt es Dir mit seinen freundlichen, blauen Augen zu und sagt: »Festhalten, wir fliegen los!«
Ihr hebt ab in die Lüfte, alles unter Dir wird kleiner und kleiner, bis Du nur noch einzelne bunte Tupfen unter Dir erkennen kannst. Die Luft weht Dir *kühl um die Nase*, aber das kuschelige Fell *wärmt Dich*. Du wirst *ruhiger* und *entspannter*, je höher Ihr

beide in den Himmel emporsteigt. Du vergißt alles um Dich herum und fühlst Dich *ganz frei*. Und mit diesem Gefühl fliegst Du noch einige Zeit durch die Wolken, bis Dein Glückstier Dich am Ärmel zupft und auf einen glitzernden Fleck auf der Erde zeigt: »Wir haben gleich den Zaubergarten erreicht!«, ruft es: »Halte Dich wieder fest, wir landen.«

Ganz weich und behutsam steuert es auf den Zaubergarten zu. Du kannst schon die vielen bunten Farben erkennen, und auch dieser süßliche angenehme Duft steigt Dir wieder in die Nase und wirkt so herrlich *beruhigend*.

Du bist *völlig gelöst* und *entspannt*, als Ihr nun landet. »Das ist ja wunderschön hier«, staunst Du.

»Komm erst mal weiter mit in den Zaubergarten«, meint Dein Glückstier. Ihr geht über eine blumenübersäte Wiese an üppigen Obstbäumen vorbei. Die Vögel singen und zwitschern hier besonders fröhlich. Nachdem Ihr nun eine Zeitlang so durch den Zaubergarten gestreift seid, gelangt Ihr an ein märchenhaftes Schloß, das Dich vielleicht an ein Dornröschenschloß erinnert. Wie ein Schutzwall umschließen dichte Blumenranken das Märchenschloß. Aber als Ihr direkt davor steht, öffnet sich die Blumenwand wie von Zauberhand: Vor Euch liegt ein alter Brunnen, aus dem kristallklares Wasser sprudelt.

»Komm, komm!« ruft eine helle, schöne Stimme: »Trink von meinem Wasser, Du bist dann *voller Energie!*«

Ein goldener Becher steht auch schon bereit, der sich wie von selbst mit Wasser gefüllt hat. Ein bißchen verwundert bist Du schon, aber Du erinnerst Dich, daß Du in einem Zaubergarten bist. Da sind solche seltsamen Dinge schließlich ganz natürlich.

»Wenn ich schon einmal hier bin und den weiten Weg gemacht habe, trinke ich gerne einen Schluck. Und Energie kann ich immer brauchen, zum Beispiel, wenn ich einmal müde oder

unkonzentriert bin oder, oder... Es gibt tausend und eine Gelegenheit, wo ich Energie benötige«, denkst Du Dir.

Nachdem Du Deine Gedanken so treiben gelassen hast, spürst
Du das *kühle erfrischende* Wasser in Deinem Mund. »Mmmm, es
schmeckt richtig köstlich, *so frisch!*« Und während Du nun
Schluck um Schluck genießt, spürst Du, wie sich eine *große
Energie in Deinem ganzen Körper verteilt.* Dein Kopf ist *ganz
frisch* und *klar.* Deine Körperhaltung verändert sich, *richtig stark*
fühlst Du Dich. Und wenn Du genau hinhörst, kannst Du die
Stimme aus dem Brunnen sprudeln hören: »*Mit Energie verlierst
Du nie!*«
Nachdem Du noch einige Minuten das Gefühl des Energie-
Tankens genossen hast, ruft Dir Dein Glückstier zu, daß es nun
Zeit wird, nach Hause zu fliegen. Du kuschelst Dich wieder in
sein *weiches, warmes* Fell, und schon beginnt der Rückflug. Und
während Ihr durch die Lüfte fliegt, klingt der Gesang des Was-
sers noch in Deinen Ohren: »*Mit Energie verlierst Du nie!*«
Ganz weich landet Ihr wieder auf Deiner Lieblingswiese. Du bedankst und verabschiedest Dich von Deinem Glückstier und
denkst über das Erlebte in Ruhe nach.
Die Energie kannst Du immer noch spüren, und schon hast Du
eine Idee, was Du jetzt damit machen kannst.

Zurücknehmen der Übung nicht vergessen!

Diese Entspannungsgeschichte will eine Hilfestellung für das Kind bieten, Versagensängste abzubauen. Selbstwertgefühl und Konzentrationsfähigkeit werden ebenso gestärkt.

Dem Archivar ist alles klar!

Und als Du es Dir nun wieder einmal auf Deiner Wiese so *richtig gemütlich* gemacht hast und Du Dich *wohl* und *geborgen* fühlst, kannst Du vor Dir einen Weg erkennen, der Dich zu Deinem Berg des Wissens führen wird. In Deinem Berg des Wissens ist Dein *ganzes Wissen* aufbewahrt, alles, was Du jemals in Deinem Leben gesehen, gefühlt, gehört, gerochen hast.

Und vielleicht kannst Du Deinen Berg des Wissens jetzt schon aus der Ferne erkennen. Schau ihn Dir erst einmal an und lasse ihn auf Dich wirken und gehe dann in Deinem eigenen Tempo näher an ihn heran, bis Du ihn erreicht hast.

Lasse Dich nun überraschen, wo Du Deinen eigenen Zugang finden wirst, um in den Berg hineinzutreten. Und wenn Du ihn gefunden hast, tritt hinein. In Deinem Berg ist es *freundlich* und *hell*. Du fühlst Dich *ganz sicher* und *geborgen*, während Du *tiefer* und *tiefer* in Deinen Berg hinabsteigst. Schau Dich wieder genau um, was Du alles erkennen, hören und riechen kannst. Plötzlich hörst Du eine freundliche, *warme Stimme* rufen: »Hier bin ich!«

Du bist vielleicht ein bißchen verwundert, in dem Berg eine Stimme zu hören, aber Du gehst neugierig der fremden Stimme nach, die Dich *noch tiefer* an vielen Gängen vorbeiführt.

Die Stimme wird nun immer deutlicher, und Du kannst in der Ferne eine große Tür erkennen, die einen Spalt breit geöffnet ist. Vorsichtig trittst Du näher heran. Da öffnet sich die Tür, und ein ganz geschäftig wirkendes Männchen mit einer Brille auf der Nase und einem dicken Buch in der Hand kommt zum Vorschein:

»Na endlich«, begrüßt es Dich! »Ich warte ja schon so lange auf Dich! Nie hörst Du mich, wenn ich Dir helfen möchte.«

Du blickst in das freundliche Gesicht des Männchens und siehst, wie seine Augen vor Freude nur so funkeln.

»Wer bist Du denn«, fragst Du?

»Ich bin Dein Archivar und lebe in Deinem Kopf – genaugenommen in Deinem Gehirn. Dort bekomme ich alle Informationen von Dir.«

»Wie«, fragst Du, »alle Informationen?«

»Ja, alles was Du denkst, was Du siehst, hörst, riechst, fühlst, schmeckst, einfach alles. Aber komm doch einfach mal mit mir mit, ich möchte Dir etwas ganz Tolles zeigen.«

Die Tür öffnet sich nun noch weiter, und Ihr betretet gemeinsam einen riesengroßen Raum. Deine Augen werden immer größer, so etwas hast Du noch nie gesehen!

Der Archivar führt Dich herum und zeigt Dir Dein ganzes Wissen, was er für Dich im Laufe Deines Lebens geordnet hat. Da gibt es eine große Ecke mit Büchern und Aufzeichnungen, die teilweise richtig verstaubt sind. Dein Blick fällt auf ein Mathebuch, und Du erkennst eine Rechenaufgabe aus dem letzten Test wieder.

»Wieso weißt Du denn die Lösung«, fragst Du?

»Ich weiß alles, was Du je gelernt hast«, antwortet Dein Archivar. »Toll!« denkst Du.

»Weißt Du noch«, sagt der Archivar, »letztens bei dem Mathetest wollte ich Dir helfen, aber Du wußtest nicht, daß es mich gibt und daß ich Dir immer helfen kann, wenn Du mich brauchst. Du mußt nur den Satz – *Dem Archivar ist alles klar!* – denken, und ich schicke Dir das Wissen per Eilboten zu. So einfach ist das!«

»Prima!«, freust Du Dich und hast schon eine Menge Ideen, wann Du den Satz – *»Dem Archivar ist alles klar!«* – gebrauchen kannst.

Und nun führt Dich der Archivar noch ein wenig herum. Ihr betretet immer neue Räume, wo Du Bücher und einen Computer mit vielen Disketten sehen kannst. Da gibt es auch noch Bilderbücher, Tonbänder, Kassetten und vieles, vieles mehr. Es beeindruckt Dich schon sehr, daß Du soviel weißt.
»So, nun muß ich aber weiterarbeiten, da gibt es nämlich noch so viele Dinge, die ich ordnen muß«, meint der Archivar dann. Ihr verabschiedet Euch recht herzlich voneinander, und Du versprichst dem Archivar, demnächst an ihn zu denken. Du bedankst Dich und steigst freudig die Stufen des Berges hinauf – immer *höher* und *höher. Ganz leicht* und mühelos ist der Aufstieg. Und währenddessen begleiten Dich in Gedanken noch das freundliche Gesicht und die sanfte Stimme des Archivars, der bei seiner Arbeit – *»Dem Archivar ist alles klar!«* – singt.
Jetzt kannst Du schon das Blinzeln der Sonnenstrahlen erkennen. Du trittst nun aus dem Berg heraus und blickst noch einmal voller Stolz auf Deinen Berg des Wissens. »Ist schon toll, was ich alles schon gelernt habe«, denkst Du. Und Du nimmst Dir vor, bei der nächsten Gelegenheit, sei es in der Schule, beim Spielen oder in anderen Situationen, zu denken: *»Dem Archivar ist alles klar!«*
Du bist richtig froh, so einen treuen Freund gefunden zu haben, der Dir ganz zuverlässig helfen wird, wann immer Du ihn brauchst. Zufrieden kommst Du nun auf Deiner Wiese an, wo Du die Übung in Deinem eigenen Tempo beendest.

Zurücknehmen der Übung nicht vergessen!

Die nächste Geschichte geht ganz gezielt Ängste an und stärkt das Selbstwertgefühl.

Mit Winiput klappt's gut!

Du liegst nun wieder auf Deiner Lieblingswiese und fühlst Dich *warm*, *sicher* und *geborgen*.

»Mit Winiput klappt's gut! Mit Winiput klappt's gut!«, hörst Du eine energische Stimme rufen.

»Na endlich, bist Du aber schwerhörig!«

»Wer bist Du denn,« fragst Du fast schon ein bißchen ärgerlich?

»Ich bin Dein Winiput, der alles kann, der alles weiß, kurzum ich bin Dein Beschützer!«

Als Du Dir Winiput genauer betrachtest, siehst Du, daß er schon eine tolle Erscheinung ist: So groß, energiegeladen und kräftig, und seine verschmitzten Augen verraten, daß er sehr viel weiß und recht schlau ist. In seiner bunten Pumphose und dem freien muskulösen Oberkörper wirkt er liebenswert und unglaublich stark. Du fühlst Dich richtig *geborgen* und auch stark in seiner Nähe.

»So, dann mal los, ich habe gehört, daß Du etwas mehr Mut und Durchsetzungsvermögen gut gebrauchen kannst«, sagt Winiput.

»Stimmt!« antwortest Du ganz erstaunt: »Woher weißt Du das?«

»Ich weiß alles, weil ich Dich schon eine ganze Weile beobachte. Nur Du hast mich die ganze Zeit vorher nicht gehört, als ich Dir helfen wollte. Na ja, das ist jetzt vorbei. Du weißt, daß es mich gibt, und daß ich Dir immer helfe, wenn Du nach mir rufst: *Mit Winiput klappt's gut!*«

Am nächsten Tag gibt es für Dich schon gleich eine Gelegenheit, Winiput zu rufen: Du bist in der Schule, und ein Klassenkamerad ärgert Dich wieder. Da denkst Du an *»Mit Winiput klappt's gut!«*, und schon ist er neben Dir erschienen: »Keine Sorge, für alle anderen Menschen bin ich völlig unsichtbar«, flüstert er Dir zu. Er zwinkert Dir mit einem Auge zu und sagt: »Hab keine Angst, wir sind jetzt zu zweit, und damit sind wir völlig unschlagbar.«

Du fühlst jetzt richtig *die Stärke*, die Deinen *Körper durchströmt*. Dein Körper richtet sich auf, Du stehst ganz gerade da, und Du fühlst Dich *unschlagbar*. *Richtig stolz* bist Du, als Du nun mit Deinem Klassenkameraden sprichst. Er scheint etwas verunsichert zu sein und geht seiner Wege. »Super! Das funktioniert ja wirklich«, freust Du dich.

»Na klar, wir beide sind ein Topteam!« Und schon ist Winiput wieder verschwunden.

Du erlebst viele Abenteuer mit Winiput.

Denke zum Beispiel nur, als Du letzte Woche das erste Mal allein zu Hause warst und Deine Eltern auf einer Party waren. Da hast Du auch Winiput gerufen, und Ihr habt es Euch gemütlich gemacht. *Richtig sicher* und *geborgen* fühlst Du Dich in seiner Gegenwart. Er ist Dir ein lieber, treuer Freund geworden, der Dir immer hilft. Auf jeden Fall ist es schon ein gutes Gefühl, so einen starken, liebenswerten Freund an seiner Seite zu haben.

Vielleicht fallen Dir selbst auch noch einige Gelegenheiten ein, wann Du die Unterstützung von Winiput gebrauchen könntest?

Und nun nehme wieder Deine Übung zurück, indem Du Dich reckst und streckst.

In dieser Geschichte geht es um die Aktivierung der Selbstheilungskräfte. Daß die Stärkung des Immunsystems nicht nur eine rein körperliche Sache ist, sondern daß auch die Psyche miteinbezogen werden muß, hat auch die moderne Medizin erkannt. Das Immunsystem läßt sich mental regelrecht trainieren.

Rundum gesund!

Du liegst nun wieder auf Deiner Lieblingswiese und fühlst Dich *warm*, *sicher* und *geborgen*. Als Du so vor Dich hin träumst, hörst Du plötzlich eine Stimme in Dir rufen:

»Hallo, ich bin's! Ich bin die Inspektorin Neunmalschlau.«

»Sie sieht aus wie eine richtige Inspektorin mit einem breitkrempigen Hut«, denkst Du. »Was willst Du von mir?«, fragst Du erstaunt.

»Ich habe von unserem Eilboten gehört, daß Du krank bist. Also habe ich mich mit meiner ganzen Mannschaft sofort auf den Weg gemacht, um Dir zu helfen. Meine Abteilung ist das Immunsystem. Das Immunsystem mit den weißen Blutkörperchen sorgt dafür, daß Du gesund bleibst und Dich gut fühlst. Aber manchmal haben wir so viel zu tun, daß es einem Erreger gelingt, sich einzuschleichen.«

An Deinem fragenden Gesichtsausdruck erkennt Inspektorin Neunmalschau, daß Du sie nicht so richtig verstehst.

»Also paß auf! Ich arbeite mit meiner Mannschaft, das sind die weißen Blutkörperchen, in Deinem Körper. Über die Schaltzentrale im Kopf, die wie ein großer Computer funktioniert, bekommen wir unsere Aufträge. Das bedeutet: Der Eilbote rennt zu mir und berichtet mir beispielsweise über ein Unwohlsein im

Bauch. Und schon schwärme ich mit meiner ganzen Mannschaft los. Meine Mannschaft setzt sich aus einer speziell ausgebildeten Sondertruppe zusammen. Wir sind alle gut ausgerüstet und eilen schnell in Deinen Bauch, wo die Erreger sind. Die Erreger sind ganz sonderbare Genossen. Also, unsere gutausgerüstete Sondertruppe beginnt nun, die Erreger aufzulösen. Manchmal haben wir einen Spezialstaubsauger dabei, mit dem wir die Erreger einfach aufsaugen. Einige von uns besitzen auch Lichtstrahlen, mit denen die Erreger aufgelöst werden können. Wie Du siehst, gibt es ganz viele unterschiedliche Möglichkeiten. Vielleicht hast Du auch noch zusätzlich eine Idee dazu? Du kannst mich jederzeit rufen und mir Deine Idee mitteilen. Auf jeden Fall gelingt es uns immer, mit den Störenfrieden kurzen Prozeß zu machen. Aber warte, jetzt hätte ich das Wichtigste bald vergessen. Unser Topteam singt bei seiner Arbeit: »*Rundum gesund!*«

Dabei schickt es *Wärme*, *Energie*, *Kraft* oder – was immer Du brauchst – an die kranke Körperstelle. Du kannst Dir sicherlich sehr gut vorstellen, wie das funktioniert, und Du spürst dann auf einmal, daß Dein Körper *ganz ruhig* und *voller Kraft* ist.«

»Hört sich prima an«, denkst Du.

Inspektorin Neunmalschau verspricht Dir, wann immer Du sie brauchst mit ihrem Top-Team sofort da zu sein.

Ist schon ein tolles Gefühl, so eine schlaue Inspektorin Neunmalschlau in sich zu haben. Und wenn Du irgendwann mal krank bist, weißt Du auf jeden Fall, wo Du sie finden wirst!

Du nimmst jetzt diese Übung nach Deinem eigenen Rhythmus zurück und fühlst Dich *ganz gesund* und *voller Energie*. Wenn Du wirklich einmal krank bist und abends gleich einschlafen möchtest, kannst Du Inspektorin Neunmalschau und ihrem Topteam auch den Auftrag geben, nachts für Dich zu arbeiten, damit Du dann am nächsten Morgen wieder völlig gesund bist.

Die letzte Geschichte dient noch einmal ganz gezielt der Stärkung des Selbstwertgefühls.

Mit Kraft geschafft!

Du räkelst Dich nun wieder auf Deiner Lieblingswiese und fühlst Dich *warm*, *sicher* und *geborgen*. In der Ferne siehst Du von Deiner Wiese aus das blaue Meer. Du stehst auf und begibst Dich auf den Weg. Schau Dich genau um, was Du alles erkennen kannst, was Du hörst und riechst.

Du kommst nun immer näher an das Meer heran. Aus der Ferne kannst Du schon erkennen, daß Dir vom Ufer aus etwas großes Buntes entgegenleuchtet. Beim näheren Hinschauen kannst Du ein U-Boot erkennen, aus dem ein seltsames Hämmern und Poltern zu hören ist. Ganz vorsichtig schleichst Du heran und schaust durch die Luke ins Innere des U-Boots: Du denkst, Du träumst! Da hantiert eine neongrüne Nymphe mit gelben Tupfern auf den Flossen mit einem gläsernen Hammer. Sie hat Dich bereits bemerkt und winkt Dir freundlich zu: »Komm doch rein!«, ruft sie Dir zu. Ein bißchen mulmig ist Dir schon, als Du die Tür zum U-Boot öffnest. Aber als Du nun in ihr freundliches Gesicht blickst, ist das mulmige Gefühl verschwunden.

»Ich heiße Dr. Immergrün und bin gerade dabei, mein U-Boot startklar für eine Seereise zu machen, um dort ein großes Geheimnis zu ergründen. In der Tiefsee gibt es die Perle der Kraft. Du mußt sie nur einmal berühren und einen Zauberspruch sagen, und *alle Kraft ist Dein*.«

»Toll«, sagst Du, »diese Wunderperle könnte ich auch gut gebrauchen. Manchmal kann ich mich so schlecht konzentrieren, wenn ich Probleme mit meinen Eltern oder beim Sport habe.

Ach, es gibt so viele Möglichkeiten, wo ich Kraft gebrauchen könnte.«

»Fahr doch einfach mit mir mit«, schlägt Dir Dr. Immergrün vor: »Ich könnte ein bißchen Gesellschaft gut gebrauchen. Also los!«

Die Tür des U-Boots wird fest verschlossen, und die Reise in die Tiefsee beginnt. Du schaust aus dem Fenster und kannst bunt schillernde Fische, Wasserpflanzen und vieles, vieles mehr erkennen. Leise brummt der Motor des U-Boots vor sich hin. Du fühlst Dich *ganz sicher* und *geborgen*, während Ihr *tiefer* und *tiefer* in das Meer hinabtaucht. Immer weiter geht die Reise.

Da blinzelt Dir Dr. Immergrün auf einmal von der Seite zu und zeigt mit ihrem kleinen Finger auf eine riesengroße, leuchtende, wunderschöne Muschel. Du kannst sofort erkennen, daß diese Muschel etwas ganz Besonderes hat: Sie strahlt und funkelt wie tausend Sterne in der Nacht. Ein wunderschöner, lieblicher Gesang geht von der Muschel aus, und Du spürst, wie eine *angenehme Ruhe* Deinen ganzen Körper *durchströmt*, und ein zauberhafter Duft erfüllt Dich mit *Wohlbehagen*. »Wir sind gleich da!«, ruft Dr. Immergrün: »Wir haben die Muschel gefunden!«

Als Ihr näher kommt, öffnet sich die große, leuchtende Muschel wie von Zauberhand, und Dr. Immergrün steuert das U-Boot *ganz sicher* hinein. Wie in einem Märchen kommst Du Dir vor, alles ist hier im Inneren der Muschel so wunderschön und friedlich. Solche leuchtenden Farben hast Du vorher noch nie gesehen. Eine der kleinen Meereselfen begleitet Dich nun zu der Perle. Die Meereselfe sagt: »Nimm die Perle ganz fest in Deine Hände und sage: *Mit Kraft geschafft!*«.

Kaum hast Du den Satz: »*Mit Kraft geschafft!*« gesagt, spürst Du, wie sich in Dir eine *Kraft* von den Füßen bis zum Kopf ausbreitet. Du spürst, wie Dein *ganzer Körper voller Kraft* ist. Du fühlst Dich *so gut*, daß Du denkst, daß *alles möglich* ist.

»Ja, das stimmt«, sagt die Meereselfe, »es ist alles möglich. Es ist Deine *innere Kraft*, und wann immer Du sie brauchst, denke an die Zauberformel – *Mit Kraft geschafft!* –, und *alle Kraft* ist Dein.«

Du jubelst und freust Dich. Gleich bei der nächsten Gelegenheit wirst Du an diese Kraftformel denken.

Du bedankst Dich nun bei der Elfe und verabschiedest Dich von ihr. Dr. Immergrün wartet schon auf Dich, und mit einem aufbrausenden Wellenwirbel erhebt sich das U-Boot vom Meeresgrund. Du schaust Dich noch einmal um und siehst, wie die Muschel sich wieder schließt. Du erinnerst Dich an die wundersame Perle und an ihren Gesang: *»Mit Kraft geschafft!«*

Und schon taucht das U-Boot aus dem Meer auf, und Du kannst die Strahlen der Sonne erkennen. »Gleich legen wir an«, murmelt Dr. Immergrün. Und schon habt Ihr das Ufer erreicht. Vorsichtig kletterst Du aus dem U-Boot heraus, schließt Dr. Immergrün in Deine Arme und bedankst Dich bei ihr für die abenteuerliche Reise. Mit schnellen Schritten läufst Du zu Deiner Wiese zurück. Unterwegs flüsterst Du immer wieder den Satz: *»Mit Kraft geschafft!«* Du kannst die Situation kaum abwarten, in der Du ihn anwenden kannst.

Nun nimmst Du die Übung nach Deinem eigenen Rhythmus zurück.

Nachdem Sie Ihrem Kind die einzelnen Geschichten vorgelesen haben bzw. nachdem Ihr Kind die einzelnen Geschichten auf Kassette mitgehört hat, beginnt die Vertiefungsphase. Es geht jetzt um das regelmäßige Wiederholen der Geschichten. Das konsequente Üben steht im Vordergrund.

Wiederholung der Entspannungsgeschichten

Erst wenn Ihr Kind die einzelnen Geschichten richtig verinnerlicht hat, kann es die Merksätze in den gewünschten Situationen anwenden.

Beispielsweise denkt Ihr Kind dann vor einer Klassenarbeit an Aladin oder an den Merksatz »Konzentriert geht's garantiert!« und aktiviert somit seine Konzentrationsfähigkeit.

Hilfen zur Vertiefung des Memo-Trainings

Nachdem Sie die Geschichten erzählt haben oder das Kind die Geschichten auf Kassette mitgehört hat, kann das Kind, wenn es dazu Lust hat, das Erlebte mit eigenen Worten wiedergeben. Oder es malt ein Bild zu der jeweiligen Geschichte.

Auf diese Weise setzt sich das Kind nochmals mit den inneren Bildern und der Autosuggestionsformel auseinander, und das Erlebte kann besser verarbeitet werden. Wenn das Kind das selbstgemalte Bild an einen gut sichtbaren Ort aufhängt, prägt es sich die Kernaussagen der Geschichten noch besser ein. Sie können auch gemeinsam mit Ihrem Kind ein Symbol als Erinnerungshilfe, zum Beispiel eine Sonne, einen Stern usw., finden.

Weitere Möglichkeiten, die zu einer Vertiefung der Geschichten beitragen, finden Sie im Kapitel »Vertiefungsspiele« (Seite 106ff.).

Wenn Ihr Kind mit den einzelnen Übungen bzw. Geschichten vertraut ist, kann es sie jederzeit und in jeder Situation anwenden. Durch das wiederholte Trainieren der Entspannunggeschichten, ist das Kind in der Lage, die in den Kernsätzen der Geschichten anzitierten Fähigkeiten in die Praxis

Ich wende das Memo-Training an

umzusetzen. Somit hilft Memo-Training dem Kind vor der Klassenarbeit, beim Spielen, beim Ärger mit Eltern oder in anderen Situationen.

Konzentrationsspiele für die ganze Familie

In dem nun folgenden Abschnitt sollen einige Spiele vorgestellt werden, die das Autogene Training und das Memo-Training vertiefen.

Die Kinder lernen darüber hinaus, sich intensiver mit den Entspannungsgeschichten auseinanderzusetzen. Hierbei werden gefördert:

- Konzentrationsfähigkeit
- Phantasie
- Kreativität
- Sozialverhalten

1. Spiel | Koffer packen

Teilnehmerzahl: Mindestens 3

Spielablauf:
Ihr setzt euch erst einmal gemütlich zusammen. Vielleicht habt ihr gerade eine Entspannungsgeschichte gehört, die ihr jetzt noch einmal neu zusammen erleben wollt.
Beispielsweise die Geschichte »Konzentriert geht's garantiert«. Schließt noch einmal kurz die Augen und erinnert euch an Aladdin und was ihr mit ihm alles erlebt habt. Eure Aufgabe ist es nun, Begriffe aus der Geschichte in dem Koffer zu sammeln.

Also paßt auf:
Einer von euch beginnt mit dem Satz: »Ich packe meinen Koffer und nehme einen Teppich mit.«
Der nächste sagt: »Ich packe meinen Koffer und nehme einen Teppich und Aladin mit.«
Der dritte Spieler wiederholt alles und setzt zusätzlich ein neues Wort aus der Geschichte hinzu. So geht es immer weiter, bis der Koffer ganz schwer geworden ist und euch kein neuer Begriff mehr einfällt.

2. Spiel | Theater spielen

Teilnehmerzahl: Mindestens 3

Spielablauf:
Bei diesem Spiel geht es darum, ein möglichst guter Schauspieler zu sein. Zuerst einmal verkleidet ihr euch phantasievoll und dann versucht ihr, eine der Entspannungsgeschichten als Theaterstück nachzuspielen.

Wie das bei dem Theaterstück so üblich ist, müßt ihr vorher gemeinsam überlegen:

- Wie ihr die Geschichte spielen könnt, welche Rollen es gibt, wie ihr die Handlung darstellen könnt?
- Wer von euch welche Rolle spielen möchte?
- Welche Dinge ihr noch benötigt?

Versucht doch, beispielsweise die Geschichte mit Aladin nachzuspielen. Einer von euch spielt Aladin, ein anderer das Kind auf der Wiese. Falls ihr zu mehreren seid, könnt ihr euch ja bei diesen Rollen abwechseln, so daß jeder mal drankommt.

Am besten ihr wiederholt die Geschichte zuerst noch einmal zusammen. Wenn ihr euch nun genügend vorbereitet habt, kann das Spiel beginnen.

3. Spiel Wortspiele

Teilnehmerzahl: Mindestens 3

Spielablauf:
Dieses Mal geht es darum, neue Worte zu finden.
Setzt euch wieder zusammen und wählt eine von
den vielen Geschichten aus.
Ich zeige euch erst einmal an einem Beispiel mit
der Geschichte »Ganz entspannt im Wunder-
land«, wie's gemacht wird.
Erinnert ihr euch an diese Geschichte?

Du suchst dir nun ein typisches Wort aus der Geschichte aus, zum Beispiel »Baumhaus«.
Dein Nachbar überlegt sich nun ein neues Wort,
das mit dem letzten Buchstaben von Baumhaus,
also mit »S«, beginnt, zum Beispiel: »Sonne«.
So geht die Reihe weiter, bis euch nichts mehr
einfällt.

Der Phantasie sind keine Grenzen gesetzt. Ihr
könnt alles nennen, was zu der ausgesuchten Geschichte paßt.
Schwieriger wird das Ganze, wenn ihr dieses Spiel
statt mit Buchstaben mit ganzen Silben spielt:
Zum Beispiel: Die letzte Silbe von »Baumhaus«
ist »aus«. Ein Wort, das mit »aus« beginnt, lautet
zum Beispiel »Aussaat«.

4. Spiel | Das Kartenspiel

Teilnehmerzahl: Mindestens 2

Vorausetzung: Jeder Teilnehmer muß alle Geschichten kennen.

Vorbereitung auf das Spiel:
Ihr kennt sicherlich alle das Spiel, in dem man bastelt, was kein anderer hat. Mit dem Selbstgebastelten könnt ihr später toll spielen.
Aber erst einmal muß gebastelt werden.
Dazu braucht ihr eine Schere, ein großes Stück Pappe und eure Lieblingsbuntstifte.
Aus der Pappe schneidet ihr 30 gleichgroße quadratische Karten (am besten vorher mit Lineal und Bleistift aufzeichnen). Ihr könnt eure Lieblingsbuntstifte zum kunstvollen Bemalen der einzelnen Karten verwenden.

Und jetzt geht's los: Erinnert euch an eine Geschichte, zum Beispiel an: »Mit Mut geht's gut«.

Ihr habt nun zwei leere Karten vor euch liegen. Überlegt euch zwei typische Dinge aus dieser Geschichte.
Auf die eine Karte könnte man zum Beispiel den Zauberstab malen und auf die zweite einen Dino. Diese beiden Karten bilden später ein Paar.

So geht ihr gemeinsam Geschichte um Geschichte durch und bildet immer neue Paare, bis alle 30 Karten bemalt sind.

Ihr braucht dieses Spiel nicht gleich zu spielen, sondern ihr könnt euch Zeit lassen und das Spiel nach und nach anfertigen.

Spielablauf:
Wenn alle Karten fertiggebastelt sind, freut ihr euch sicherlich darauf, nun euer Spiel endlich einzuweihen.

Setzt euch dazu in einen Kreis. Einer von euch mischt die Karten und legt sie mit dem Gesicht nach unten auf den Boden. Jetzt wählt der erste Spieler zwei Karten aus und deckt sie auf. Jeder, der ein zusammengehöriges Paar (z. B. Dino – Zauberstab) gefunden hat, nimmt diese beiden Karten und legt sie verdeckt vor sich hin. Er darf dann zwei weitere Karten aufdecken. Ansonsten kommt sein linker Nachbar an die Reihe. Ungleiche Karten müssen mit dem Gesicht nach unten wieder auf den Boden gelegt werden.
So geht das Spiel weiter, bis alle Karten aufgedeckt und verteilt sind.

Also viel Spaß!

Spiele zur Vertiefung der Sinneswahrnehmung

Die Entspannungsgeschichten haben die unbewußten Fähigkeiten des Kindes angesprochen und gefördert. Bei den Vertiefungsspielen findet dieses Lernen auf einer bewußten Ebene statt.

| 1. Spiel | »Was kann ich sehen, fühlen, riechen, schmecken und hören?« |

Wie Sie bereits an anderer Stelle gelesen haben, hängen Sinneswahrnehmung und Aufnahmebereitschaft voneinander ab, sie verhalten sich zueinander wie die zwei Seiten einer Münze. In dem nun folgenden Spiel werden alle fünf Sinne angesprochen.

Teilnehmerzahl: ab 3

Ein Erwachsener oder ein älteres Kind sollte die Spielleitung übernehmen und zum Beispiel das Obst schneiden und darauf achten, daß nur Nahrungsmittel zum Einsatz kommen.

Ziele
- Konzentrationsförderung
- Aktivierung der Sinne
- Förderung von Kreativität und Phantasie

Vor Spielbeginn   Jeder Teilnehmer sucht sich ein Lebensmittel seiner Wahl aus. Das können Obst, Gemüse, Nudeln oder auch verschiedene Brotsorten sein. Zusätz-

lich wird ein Tuch benötigt, um dem Ratenden die Augen zu verbinden.

Ihr sitzt nun alle um den Tisch, auf dem die Lebensmittel liegen. Wenn ihr Lust habt, kann einer von euch auszählen, wer beginnt. Der Anfangende sucht sich einen Partner, der ihn während des Spielablaufs begleitet. So, nun geht's richtig los: *Spielbeginn*

Der Spieler betastet nun das Lebensmittel mit verbundenen Augen. *Fühlen*

Der Spielpartner fragt: »Wie fühlt es sich an?«
Der andere muß mindestens drei Eigenschaften finden, z. B. weich, hart, glatt, rauh, rund usw.
Hat der Spieler das Lebensmittel richtig erfühlt, stellt der Partner ihm folgende Frage:

Riechen   »Wie riecht das Lebensmittel?/Was kannst du riechen?«

Wieder sollte der Spieler versuchen, drei Eigenschaften zu finden.
Sollte es sich zum Beispiel um Obst oder Gemüse handeln, können Sie es aufschneiden, damit das Aroma besser zur Geltung kommt und damit das Raten den Kindern leichter fällt.

Schmecken   »Was kannst Du schmecken?«

Der Partner reicht dem Spieler ein kleines Stück von dem Lebensmittel.
Dieser versucht nun, es genau zu erschmecken, und er nennt wiederum drei Geschmacksbezeichnungen.

Hören   »Was kannst Du hören?

Der Spieler versucht nun weiterhin mit geschlossen Augen, zu hören, wie sich das Lebensmittel beim Zerkauen in seinem Mund anhört.

---

2. Spiel   **»Was kann ich alles hören?«**

Bei diesem Spiel wird schwerpunktmäßig das genaue Hören geübt.

Teilnehmerzahl: ab 3

- Konzentrationsförderung
- Aktivierung des Hörens

Wir benötigen eine Augenbinde und eine kleine Klangkugel oder einen anderen Gegenstand, der einen Klang erzeugt.

Einem Spieler (Spieler 1) werden nun die Augen verbunden. Ein anderer nimmt die Klangkugel und schleicht sich ganz leise in eine Ecke des Zimmers. Dort läßt er einen Ton erklingen. Der dritte Mitspieler ist der Schutzengel von Spieler 1, der den Klang suchen soll. Seine Aufgabe ist es, genau aufzupassen, daß Spieler 1 nicht gegen einen Gegenstand im Raum läuft, sich anstößt oder gar hinfällt.

Wenn nun jeder seine Rolle gefunden hat, kann das Spiel beginnen: Spieler 1 sucht den genauen Ort, aus dem der Klang zu hören ist, und berührt ihn mit der Hand.

Die Suche nach dem Klang kann dreimal wiederholt werden. Dann wird gewechselt, bis jeder Spieler einmal den Klang gefunden hat.

Wenn ihr Lust habt könnt ihr euch noch andere Gegenstände aussuchen, die einen Ton erzeugen, und das Spiel somit ausweiten.

Bei dem gemeinsamen Spaziergang geht es wieder um eine genaue Wahrnehmung und um das Erleben der Sinne.

Ziele
- Bewußtes Wahrnehmen der Umwelt
- Gemeinsamkeitsgefühl stärken ·
- Konzentrationsförderung

Vorbereitung auf den Spaziergang
Heute geht ihr mit den Eltern spazieren. Doch bevor es losgeht, sind noch einige kurze Vorbereitungen notwendig: Setzt euch alle kurz zusammen und besprecht zusammen die fünf Sinne:
- Hören
- Sehen
- Fühlen
- Riechen
- Schmecken

Die Aufgabe besteht darin, daß ihr nun alle eure Sinne bei dem folgenden Spaziergang ganz genau einsetzt.

Ein Familienmitglied leitet den Spaziergang und macht Vorschläge zur Sinneswahrnehmung. Gleichzeitig achtet einer auf die Zeit.
Ihr geht einige Minuten schweigend durch den Park oder den Wald usw. Zuerst konzentriert ihr euch alle auf das »Fühlen«.

»Was kann ich jetzt alles fühlen?«

Nach ca. drei Minuten berichtet jeder Teilnehmer über seine Erfahrungen, was er alles »gefühlt« hat.

So wird der Waldspaziergang mit allen Sinnen **fortgesetzt:**
- Was kann ich sehen?
- Was kann ich hören?
- Was kann ich riechen? usw.

(Wie oben beschrieben weiter machen)

Wenn nun alle Sinne genau wahrgenommen und **erlebt wurden**, kann jeder Teilnehmer sich etwas »Kleines«, zum Beispiel ein Steinchen, ein auf der Erde liegendes Ästchen usw., was ihm spontan ins Auge fällt, mit nach Hause nehmen. Dieser kleine Gegenstand kann an einem Lieblingsort zu Hause abgelegt werden. Er erinnert dann an den **Spaziergang und das** Erlebnis der Sinne.

Für die Kinder ist es auch sehr anregend, aus den mitgebrachten Gegenständen ein »gemeinsames« Phantasiegebilde zu basteln.

Der Umgang mit Düften

Sie kennen sicherlich folgende Situation aus eigener Erfahrung: Sie riechen einen ganz bestimmten Duft, und schon erinnern Sie sich an eine Situation in der Vergangenheit. Über den Geruch wird die Erinnerung daran aktiviert. Die Nase ist ein sehr sensibles Sinnesorgan. Die gerochenen »Informationen« werden im Gehirn verarbeitet und lösen bestimmte Reaktionen aus, zum Beispiel die Erinnerung an ein vergangenes Ereignis, Appetit, Ekel oder eine bestimmte Stimmung usw. Dieses Wissen über die Zusammenhänge von Stimmung und Geruchswahrnehmung hat sich die Aromatherapie zunutze gemacht, um die es im folgenden in aller Kürze gehen soll.

Vorbereitung Sie benötigen eine Duftlampe und ein reines ätherisches Öl. In der Duftlampe befindet sich unten eine kleine Kerze, die das Wasser oben in dem kleinen Schälchen erhitzt. Sie zünden die Kerze an und geben einige Tropfen ätherisches Öl auf das Wasser. Auf diese Weise entstehen Duftmoleküle, die den ganzen Raum angenehm duften lassen und sich positiv auf das allgemeine Wohlbefinden auswirken.

Sie können die ätherischen Öle für bestimmte Bereiche einsetzen, zum Beispiel als Entspannungsduft oder als Duft, der die Konzentration anregt. Vielleicht haben Sie Lust, den Lieblingsentspannungsduft Ihres Kindes beim Erzählen oder Hören der Geschichten anzuwenden? So wird das Hören der Entspannungsgeschichten für das Kind zu einem sinnlichen Erlebnis, darüber hinaus wird es sich die Formeln zur positiven Autosuggestion noch besser einprägen können.

Anwendungsbereiche

Konzentrationsfördernde Düfte sind zum Beispiel:
- Pfefferminze
- Lemongras
- Bergamotte

Entspannungsdüfte sind zum Beispiel:
- Honig
- Vanille
- Lavendel
- Orange, Mandarine

Dosieren Sie sparsam: 2–3 Tropfen Öl reichen für das Duftlämpchen aus.

Dosierung

Sie sollten gemeinsam mit Ihrem Kind in einem Geschäft, das ätherische Öle führt, den Lieblingsduft erschnüffeln. Gerade bei Konzentrationsmangel kann der richtige Duft sehr anregend und unterstützend wirken. Beim Kauf der Essenzen sollten Sie unbedingt darauf achten, daß es »rein ätherische Öle« sind. In manchen Fällen wirken ätherische Öle leider allergieauslösend. Wenn Ihr Kind allergieanfällig ist, sollten Sie deshalb auf diese Düfte für die Seele lieber verzichten.

Im Anhang auf Seite 124 finden Sie weiterführende Literaturangaben.

Schlußwort

Stell Dir vor, Du bekommst ein Samenkorn geschenkt. Nun hälst Du es ganz behutsam in Deinen Händen fest. Es ist so klein und zart, daß man es kaum berühren kann. Ganz vorsichtig suchst Du einen sonnigen Ort, um das kleine Samenkorn in die Erde zu pflanzen. Ganz behutsam legst Du es in die Erde, gibst ihm Wasser und sprichst einige liebevolle Worte mit ihm. Es ist ganz klein, und so versprichst Du, ihm beim Wachsen – so gut es geht – zu helfen. Täglich schaust Du nach Deinem Samenkorn und gibst ihm Wasser. Manchmal sprichst Du auch mit dem Samenkorn und machst ihm Mut, weiter zu wachsen. So vergeht Tag um Tag: Das kleine Samenkorn von einst zeigt nun sein erstes Grün. Ganz zart sind seine ersten winzigen Blätter. Richtig stolz lächelst Du der kleinen Pflanze zu, die in der warmen Sonne heranwächst. Eines Nachts reißt Dich ein starker Sturm aus dem Schlaf. Du meinst, eine kleine verzweifelte Stimme zu hören. Plötzlich denkst Du an Deine Pflanze! Schnell eilst Du ins Freie und siehst, wie der starke Wind an den kleinen Blättern der Pflanze rüttelt und zerrt. Vorsichtig hockst Du Dich schützend neben Deine Pflanze und sprichst ihr Mut zu. Der Sturm legt sich langsam, und die kleine Pflanze reckt und streckt sich wieder den Sonnenstrahlen entgegen.

Tage, Wochen, Monate, ja, Jahre vergehen, und die kleine Pflanze von einst ist zu einem wunderschönen großen Baum herangewachsen, der nun für sich selbst sorgen kann.

Im Laufe der Zeit seid Ihr beide Freunde geworden, und manchmal, wenn es Dir schlecht geht, gehst Du zu Deinem Baum. Dort hast Du das Gefühl, getröstet zu werden, und wenn der leise Wind durch die Blätter rauscht, meinst Du sogar, daß Dein Baum mit Dir spricht.

So wie aus dem Samenkorn ein großer Baum gewachsen ist, der Dein Freund geworden ist, so werden Dir diese Übungen zur Entspannung und Konzentration helfen, daß Du Dich ruhig und stark fühlst, da die Kräfte der Entspannung und der Konzentration Deine Freunde geworden sind, die Dich immer begleiten und Dir helfen können.

Ich hoffe, dieses Buch hat Ihnen und Ihrem Kind einige wertvolle Anregungen und Hilfestellungen gegeben. Wie alles im Leben braucht auch das Erlernen einer Entspannungsmethode viel Zeit, Geduld und Muße. Wenn Sie gemeinsam mit Ihrem Kind regelmäßig die Entspannungsgeschichten üben, wird der Erfolg bald sichtbar werden. Ruhe und Ausgeglichenheit werden zu seinen Begleitern und helfen ihm, Alltagssituationen besser zu meistern.

Falls Sie einen Entspannungskurs belegen möchten oder an einer Weiterbildung in Autogenem Training und Memo-Training für Kinder teilnehmen möchten, können Sie Ihre Anfragen an folgende Adresse(n) richten:

Frau
Elke Fuhrmann
Grund 6
42855 Remscheid

oder

Weststr. 50
42119 Wuppertal

Anfragen werden nur mit Rückporto beantwortet.

Auf einen Blick: die wichtigsten Tips, wie Sie Ihrem Kind helfen können, wenn es nervös, unruhig oder ängstlich ist

▨ Mein Kind ist nervös und unruhig

Sie kennen Ihr Kind am besten. Deshalb sollten Sie den günstigsten Zeitpunkt wählen, zu dem Ihr Kind am besten entspannen kann. Natürlich ist Ihre eigene Stimmung dabei nicht zu unterschätzen. Wenn Sie selbst nervös und unausgeglichen sind, wird keine Ruhe einkehren.

1. Zur Ruhe kommen

Denken Sie daran: Stimmungen übertragen sich! Vielleicht haben Sie auch die Möglichkeit, sich vor dem gemeinsamen Üben für einige Minuten zurückzuziehen und etwas zu tun, was Ihnen Freude bereitet und Sie abschalten läßt. Dann können Sie entspannt auf Ihr Kind zugehen.

In meiner Praxis höre ich bei diesem Vorschlag immer wieder die Antwort: »Ich habe keine Zeit«. Dann kann ich Ihnen nur raten, zu lernen, sich etwas mehr Zeit für sich zu nehmen. Und wenn es anfangs nur fünf Minuten sind. Diese Zeit wird Ihnen später helfen, sich wohler zu fühlen, was sich wiederum auf Ihr Kind und auf Ihre Mitmenschen überträgt.

Übrigens: Immer wenn ich hektisch und nervös bin, zwei oder drei Sachen auf einmal machen möchte, geht etwas schief, und ich habe mehr Arbeit als vorher!

Also erst einmal Ruhe einkehren lassen.

2. Zur Ruhe kommen muß gelernt werden
Das erfordert erst einmal Geduld. Wenn Sie bisher ein hektisches Leben geführt haben, brauchen Sie sehr viel Geduld mit sich und Ihrem Kind. Wir können nicht einfach in uns einen Schalter auf Ruhe umstellen. Sondern wir müssen es mit ganz kleinen Schritten lernen. Ob es die Entspannungsgeschichten oder erst einmal die fünf Minuten Entspannung für Sie sind.
Kinder sind lernfähig, und im Laufe der Zeit werden sie sich an die Entspannungsphasen gewöhnen, und sie werden ein Teil ihres Alltags.

3. Eine Oase der Ruhe in der eigenen Wohnung schaffen
Es bewährt sich immer wieder, in der Wohnung einen ganz bestimmten Ruheort einzurichten. Für alle Bewohner soll dieser Platz nur mit ruhigen Dingen in Verbindung gebracht werden. An diesem Platz kann das Kind lesen, Kassetten hören usw. Hier sollte nicht getobt werden. Dieser Platz muß nicht groß sein, eine kleine Ecke im Zimmer reicht aus. Diese Idee stammt aus den Kindergärten. Hier befindet sich die sogenannte Kuschelecke. In diesem Bereich werden nur ruhige Dinge gemacht. Hier lernen die Kinder, daß es einen Ruheraum gibt. Psychologisch gesehen

fungiert dieser Platz als Lernhilfe und erinnert das Kind an die innere Ruhe. Dieser Platz ist auch ideal für das Lernen der Entspannungsübungen.

Wenn Ihr Kind nervös ist, kann es manchmal auch hilfreich sein, wenn es draußen spielen kann oder Sport treibt. Spannungen können im Spiel oder in der Bewegung ausgelebt werden. Das Kind kann sich »austoben«, um somit hinterher ruhiger zu werden.

4. Durch Bewegung zur Ruhe finden

■ **Mein Kind ist ängstlich:**

Wenn Ihr Kind besonders ängstlich ist, sollten Sie auf jeden Fall versuchen, sein Selbstwertgefühl zu stärken. Sprechen Sie ihm gut zu und loben Sie es – natürlich nur für Dinge, die es gut gemacht hat, und die wird es mit Sicherheit geben! Nehmen Sie seine Probleme ernst. Geben Sie ihm ein Gefühl der Sicherheit, daß es nicht allein ist.

1. Stärkung des Selbstwertgefühls

Versuchen Sie, immer wieder daran zu denken, daß Ihr Kind eine ganz eigene Persönlichkeit hat. Schauen Sie auf seine positiven Fähigkeiten und messen Sie es nicht am Maßstab anderer Menschen.

2. Akzeptieren der Persönlichkeit

Weiterführende Hilfsangebote

Es gibt es verschiedene Institutionen, die Ihrem Kind bei Konzentrationsproblemen und Nervosität »unverbindlich« weiterhelfen werden.

Aus Ihrem Telefonbuch können Sie folgende Adressen entnehmen:

- Schulpsychologischer Dienst
- Evangelische, katholische oder städtische Beratungsstellen für Eltern und Kinder
- Erziehungsberatungsstellen
- Kinderärzte

Wo kann mein Kind einen Entspannungskurs besuchen?

Mittlerweile werden Entspannungskurse bei unterschiedlichen Institutionen angeboten, zum Beispiel von den

- Krankenkassen
- Familienbildungsstätten
- Volkshochschulen

Falls Ihr Kind einen Entspannungskurs besuchen sollte, informieren Sie sich ausreichend über:

■ die Qualifikation der Kursleitung (psychologische oder pädagogische Ausbildung und Erfahrung im Umgang mit Entspannung für Kinder) sowie über

■ die Größe der Gruppe (sollte 6 Teilnehmer nicht überschreiten).

■ Zudem sollten die Kinder in der Gruppe ungefähr einer Altersstufe angehören.

Literaturempfehlungen

Hier noch einige erweiterte und vertiefende Literaturvorschläge, die in der Erziehung Ihres Kindes sehr hilfreich sein können.

Brenner, Helmut: Das große Buch der Entspannungstechniken. Humboldt-Taschenbuchverlag 1989

Fischer-Rizzi, Susanne: Himmlische Düfte. Hugendubel 1989

Prof. Dr. D. Langen: Übungsheft für das Autogene Training. Georg Thieme Verlag 1983

Miller, Alice: Am Anfang war Erziehung. Suhrkamp 1983

Miller, Alice: Das Drama des begabten Kindes. Suhrkamp 1985

Voss, Reinhard und Wirtz, Roswita: Keine Pillen für den Zappelphilipp. rororo 1992

Zulliner, Hans: Die Angst unserer Kinder. Klett-Cotta 1981

Register

Abstand vom Alltag 67
Adrenalin 27
Alltag, Abstand vom 67
Anerkennung 17
Ängste 61, 87
ätherisches Öl 112
Atmung 27, 30, 43
Augen 34
Autogenes Training für Kinder 27
Autogenes Training, Entspannungsphasen 28
Autogenes Training, Vorbereitung 33
Autosuggestionsformel 56, 99

Bauch 47
Bauchraum 31
Beenden der Übung 36
Beobachtungslernen 22
Bewegungsdrang, überstarker 61

Computerspiele 21

Dauer der Übung 36
Denkblockaden 53
Denken, laterales 16
Düfte 112
Düfte, konzentrationsfördernde 113

Einflüsse, familiäre 24
Einstellung, positive 15
Einstellungen 18
Einstimmung, persönliche 56
Energie 79
Entspannung 25
Entspannungsdüfte 113
Entspannungsgeschichten, Wiederholung 97
Entspannungsphasen im Autogenen Training 29

Entspannungstraining
13
Erinnerungshilfe 99

familiäre Einflüsse
23
Fernsehen 21
Freizeitverhalten 23

Gehirn 15
Gehirnhälften, rechte
und linke 17
Grundentspannung
29, 39
Grundübungen 28
Gute-Nacht-
Geschichte 71

Hemisphären 16
Herz 27, 32, 49

Immunsystem 89
Informationsflut 13

Kassette 58
Konsum 19
Konzentration 14
Konzentrationsfähig-
keit 65, 79, 83
konzentrations-
fördernde Düfte 113

Konzentrationsspiele
100
Konzentrationstraining
13
Körperhaltung 34
Körperreaktionen 14
Kraft 79
Kräfte, mentale 79
Kreativität 17

laterales Denken 16
Leistung 19
Leistungsliebe 19
Liegen (Körper-
haltung) 34
linke Gehirnhälfte 17
Lob 17

Medienkonsum 21
Memo-Training 53
Memo-Training,
Vertiefung 99
mentale Kräfte 79
Merksätze 54
Mitte des Körpers 47

Nase 112
Nervensystem,
vegetatives 27

Öl, ätherisches 112

persönliche
Einstimmung 56
Phantasie 16
positive Einstellung 15

rechte Gehirnhälfte 17
Reizüberflutung 13
Ruhe 14, 29

Schulz, Dr. J. H. 27
Schwere 30
Selbstheilungskräfte 89
Selbstwertgefühl 73,
79, 83, 87, 93
Sinneswahrnehmung,
Vertiefung 106
Sinneswahrnehmungen
16, 54
Sitzen (Körperhaltung)
34
Sonnengeflecht 31
Streß 13f., 30

Tips zum erfolgreichen
Üben 32

Überforderung 21, 24
überstarker
Bewegungsdrang 61
Übung für die Eltern
18

Übung, Beenden 36
Übung, Dauer 35
Übungssätze 28
Unruhe 61

vegetatives Nerven-
system 27
Versagensängste 83
Vertiefung der Sinnes-
wahrnehmung 106
Vertiefung des Memo-
Trainings 99
Vorbereitung 56
Vorbereitung auf das
Autogene Training
33

Wärme 30
Wertewandel 19
Wiederholung der
Entspannungs-
geschichten 97

Weitere Titel aus dem humboldt-Programm

Eltern & Kind

Kinderspiele	ht 047
Taschenbuch der Vornamen	ht 210
Schwangerschaft und Geburt	ht 392
Vornamenbuch	ht 505
Gymnastik für Baby und Kleinkind	ht 602
Schöne Lieder für Kinder	ht 610
Ich werde Vater!	ht 630
Kinderspiele für unterwegs	ht 631
Gummimännchen und Schlangenkönigin – Haltungsgymnastik für Kinder	ht 741
Schwangerschaft bewußt erleben	ht 760
Spaß mit Klängen, Tönen und Geräuschen	ht 782
Allergien bei Kindern vorbeugen	ht 790
Sonnentau und Augentrost – Kinder heilen mit Homöopathie	ht 791
Zaubergarten und Lieblingswiese (Buch/Cassette)	ht 810
Spaß mit Klängen, Tönen und Geräuschen (Buch/Cassette)	ht 811
Rückbildungsgymnastik – der Weg zur guten Figur	ht 1068

Lebenshilfe & Psychologie

Depressionen	ht 431
Schluß mit dem Rauchen!	ht 572
Welche Farben stehen mir?	ht 577
Körpersprache verstehen	ht 590
Flirten – aber wie?	ht 606
Selbstsicher – Selbstbewußt	ht 609
Positiv denken und leben	ht 622
Selbstverteidigung für Frauen	ht 634
Trennung bewältigen	ht 644
Linkshändig? Ein Ratgeber	ht 669
Optimist werden!	ht 704
Alternative Therapien	ht 713
Kennwort Liebe	ht 714
Mut zur Lust	ht 718
Alltagsängste aus eigener Kraft überwinden	ht 742
Witwe sein ist anders	ht 743
Die Sucht mager zu sein	ht 744
Sympathie gewinnen	ht 745
Wenn die Seele trauert ...	ht 749
In meinem Alter ...	ht 763
Befreien Sie sich aus der Streßfalle	ht 780
Diagnose Krebs	ht 781
Aromatherapie – Düfte für die Seele	ht 792
Zur Schwäche erzogen – zur Stärke geboren	ht 795
Focusing	ht 1062

Gesundheit & Medizin/Entspannung

Autogenes Training	ht 336
Entspannungs-Training	ht 430
Selbsthilfe durch Autogenes Training	ht 466
Autogenes Training und Meditation	ht 510
Entspannungs-Training (Buch/Cassette)	ht 809
Das große Buch der Entspannungstechniken	ht 923